rowohlts monographien
begründet von Kurt Kusenberg
herausgegeben
von Wolfgang Müller und Uwe Naumann

August Strindberg

mit Selbstzeugnissen
und Bilddokumenten
dargestellt von
Peter Schütze

Rowohlt

Dieser Band wurde eigens für «rowohlts monographien» geschrieben
Den Anhang besorgte der Autor
Herausgeber: Wolfgang Müller
Redaktionsassistenz: Katrin Finkemeier
Umschlagentwurf: Werner Rebhuhn
Vorderseite: Auf Värmdö-Brevik, 1891 (Königliche Bibliothek, Stockholm)
Rückseite: Szenenfoto aus «Totentanz» mit Elfriede Rückert als Alice
und Bernhard Minetti als Edgar
Inszenierung: Rudolf Noelte, 12. Dezember 1971,
Schloßpark-Theater Berlin (Foto: Ilse Buhs.
Deutsches Theatermuseum, München)

Veröffentlicht im Rowohlt Taschenbuch Verlag GmbH,
Reinbek bei Hamburg, September 1990
Copyright © 1990 by Rowohlt Taschenbuch Verlag GmbH,
Reinbek bei Hamburg
Alle Rechte an dieser Ausgabe vorbehalten
Satz Times (Linotronic 500)
Gesamtherstellung Clausen & Bosse, Leck
Printed in Germany
ISBN 3 499 50383 2

3. Auflage September 2002

Inhalt

Der Sohn eines Dienstherrn   7
Unstete Lehrjahre   16
Meister Olof. Ein Dramatiker bezieht Stellung   24
Journalist in Stockholm   30
Siri von Essen   35
Literarischer Durchbruch   43
Erfahrungen mit der Ehe   52
Utopie und Wirklichkeit   60
Kampf der Gehirne   66
Wer ist der Stärkere?   75
Schwedischer Zwischenakt   80
Neue Bohème, neue Ehe, neue Experimente   86
Inferno   96
Nach Damaskus. Heimwärts   103
Harriet Bosse   110
Die kleine Taschenlampe Hoffnung   121

Anmerkungen   138
Zeittafel   143
Zeugnisse   145
Bibliographie   148
Namenregister   156
Über den Autor   159
Quellennachweis der Abbildungen   159

Strindberg am Schreibtisch, Lund 1897

Der Sohn eines Dienstherrn

August Strindberg stammte aus einer Familie, die ihre Wurzeln in Ångermanland hatte; ihr Name schreibt sich von dem Dorf Strinne her. Sein Urgroßvater Henrik Strinnberg, ein Bauernsohn, wechselte den Stand; er wurde Geistlicher. Und dessen zweiter Sohn Zacharias wiederum siedelte sich als Würzkrämer in Stockholm an. Zacharias, der nebenher Gedichte und Dramen verfaßte, erlangte als reicher Bürger und kulturbeflissener Geldgeber städtische Ehrungen. 1793 heiratete er Anna Johanna Nejber, eine Tochter deutscher Einwanderer, die eigentlich Neuber hießen. Ein Jahr später wurde der älteste Sohn Johan Ludvig geboren, 1797 die Tochter Elisabet. Durch ihre Ehe mit dem 23 Jahre älteren Ingenieur Samuel Owen wurde eine gewinnträchtige Allianz zwischen Kolonialwarenhandel und Schiffsverkehr gestiftet – Owen war als Erfinder und als Initiator der Dampfschiffahrt in Schweden ein berühmter, wenn auch, wie das Auf und Ab der Geschäfte zeigen sollte, keineswegs ein gemachter Mann.

Der Nachzügler der Familie Zacharias Strindbergs war der 1811 geborene Carl Oscar. Ihm wurde der Verkauf der Dampferbillette überlassen, und mit der Ausweitung der Handels- und Passagierschiffahrt erweiterten sich seine Befugnisse: Als Kommissionär organisierte er schließlich den Verkehr eines Drittels der Frachtschiffe, die in Riddarholmen, dem Hafen Alt-Stockholms, ihren Anlegeplatz hatten. Carl Oscar Strindberg war also die meiste Zeit ein wohlhabender Mann, der sich stets Diener und Mägde leisten und der die Seinen ernähren konnte. Wenn August Strindberg später schreibt, *Furcht und Hunger* seien *seine ersten Wahrnehmungen* gewesen[1]*, dann verzerrt er eine Periode der Knappheit masochistisch zum Elendsbild. Daß er stets unter Entbehrungen gelitten habe, gehört zur Lebenslegende, die er selbst gepflegt und verbreitet hat: Er wollte ein Sproß der Unterklasse sein. Und um dem naturalistischen Dogma der erblichen Belastung zu genügen, untermauerte er seine Erfindung genealogisch und nannte sich in seinen autobiographischen Romanen den *Sohn der Magd*. Seine Mutter, in der Tat, hatte einst als Dienstmädchen und Kellnerin gearbeitet. Carl Oscar Strindberg hatte die um

---

* Die hochgestellten Ziffern verweisen auf die Anmerkungen S. 138f.

Der Vater
Carl Oscar Strindberg

Die Mutter
Ulrica Eleonora Strindberg

zwölf Jahre jüngere Ulrica Eleonora Norlind im Gasthof von Liljeholm kennengelernt. Als er sich am 24. September 1847 endlich mit ihr trauen ließ, hatte Nora bereits drei Kinder von ihm bekommen: Carl Axel war am 17. Juni 1845, Oscar am 9. Juni 1847 geboren; das erste Kind war 1844 noch als Säugling gestorben. Eben damals hatte Samuel Owen einen Offenbarungseid leisten müssen, und Carl Oscar geriet zum erstenmal in Geldschwierigkeiten. Er verkaufte seine Wohnung im Klaraviertel, die er später wieder bezog und die August als den ersten bewußt aufgenommenen Lebensraum schildern wird.

Auf Riddarholmen, wo die Schiffe ein- und ausliefen und der Vater sein Kontor leitete, war die Familie zu Hause, und dort kam am 22. Januar 1849 der Sohn Johan August Strindberg zur Welt. Ihm folgten später noch die Geschwister Olle (1853), Anna (1855), Elisabet (1857) und Nora (1858); vier andere hatten ihre Geburt nicht lange überlebt. Eine Zeitlang wohnten sogar noch die Großmutter Norlind, Tante Lisetta – Elisabet Owen geb. Strindberg –, ein Onkel und ein Cousin bei der Familie.

Aus Rücksicht auf die schwankenden Erträge der Schiffsagentur war Carl Oscar immer wieder genötigt, sein Domizil zu wechseln. Daß er in den zwanzig Jahren, die August bei ihm aufwuchs, zehnmal umgezogen ist, läßt sich mit wirtschaftlichem Auf und Ab allerdings kaum mehr erklären. Carl Oscars unstete Wanderungen, bei denen er die Sippe freilich nicht im Stich ließ, sondern mit sich schleppte, hielten sich im engen Kreis um sein Kontor. Der Vater war ein Ahasverus mit bürgerlichen Bindungen; der Sohn sollte ihn als «internationaler Vagabund»[2] bei weitem übertreffen: Er sollte der nervöse Pilger werden, der seine Wanderungen zum Symbol des Lebens schlechthin machte.

In vielem gleicht das Bild, das Strindberg in seinen Erinnerungen vom Vater zeichnet, ihm selber: Er sei eine *verschlossene Natur* gewesen, der *vielleicht deshalb einen kräftigen Willen* besaß – ein *Aristokrat von Geburt und Erziehung.*[3] Als «typischen Pater familias» sahen die Schwestern ihren Vater – streng, akkurat, penibel gekleidet. Und er bestand auf Gehorsam. Die Kinder fühlten sich oft von seinen Verboten unterdrückt und gehemmt.[4]

August selbst wird übereinstimmend als ruhig, scheu und verschlossen bezeichnet.[5] Wie sein Vater liebte und sammelte er Blumen, interessierte sich sehr früh für Naturwissenschaft. Wie er achtete er sein Leben lang auf ausgesucht gute Kleidung. Er hegte ähnlich strenge Ansichten über Ehe und Familie. Nur in einem schien er ihm damals partout nicht nacheifern zu wollen – er hatte keinerlei künstlerische Interessen. Carl Oscar spielte immerhin Klavier und Cello, und er lauschte mit Vergnügen den Theatergeschichten, die sein Neffe Ludvig Strindberg, der Schauspieler geworden war, ins Haus brachte.

Viel weniger einprägsam als den Vater schildert August Strindberg im

9

Riddarholmen. Ausschnitt aus der Stockholm-Lithographie von O. A. Mankell

Sohn der Magd die Mutter, deren *Sklavenblut* er geerbt haben will.[6] Sie scheint freundlich, aber auch sehr empfindlich gewesen zu sein. Sie hing der pietistischen Lehre an, die, obgleich von der Staatskirche abgelehnt, in Schweden damals um sich griff. August kam durch die Mutter damit in Berührung und verfiel dem Pietismus in seiner Pubertät.

Alles in allem bietet die Familie das Bild eines recht normalen, mittelständischen Haushalts, in dem, in bescheidenem Rahmen, Bildung und Kunst gepflegt wurden. Man veranstaltete regelmäßig Hausmusikabende mit Stücken von Haydn, Mozart, Beethoven oder Mendelssohn; einzig August, der sich dann später Griffe auf der Gitarre beibrachte, beherrschte kein Instrument.

Vom Bankrott des Jahres 1853 erholte Carl Oscar sich rasch, sein Einkommen wuchs kontinuierlich[7], und 1856 zog die Familie aus dem Klaraviertel in den Norden der Stadt. Sie bewohnte dort ein zweistöckiges Haus in ländlicher Umgebung. Ein paar Jahre später ging es noch weiter hinaus, und damit wurde Augusts Schulweg, der nach wie vor ins Klaraviertel führte, zur Strapaze. Überhaupt erinnerten sich die Zöglinge nur mit Schaudern an diese Lehranstalt. In der Klaraschule bekam man Wissen und Disziplin eingebleut – allerdings, stellte Johan August fest, wurden die Söhne der besseren Familien viel seltener und wenn, dann milder abgestraft als die sozial Schwächeren.[8]

1860 gab Carl Oscar seinen Sohn in die etwas näher gelegene Jakobschule. Zwar war der Druck des kleinbürgerlichen Schulreglements nun von ihm genommen, doch saß er nun inmitten der Ärmsten und fühlte sich von den ehemaligen Kameraden verachtet. Glaubt man dem Siebenunddreißigjährigen, so entwickelte sich damals bereits ein Gefühl für gesellschaftliche Unterschiede bei ihm: Er *hatte etwas von der sozialen Skala* erfahren, allerdings auch entdeckt, *daß er zumindest nicht ganz unten steht.*[9] Aber das Bild schwankt: *Im allgemeinen*, heißt es an anderer Stelle, *gehorchte er gern und wollte sich nie hervortun oder befehlen. Er war zu sehr als Sklave geboren.*[10] Doch habe er sich unter den Jakob-Schülern deshalb so wohl gefühlt, weil kein Zwang ihn preßte – denn *unter Druck von oben litt er*[11]. Was aus diesen Zeilen spricht ist der Zwiespalt eines intelligenten und reizbaren Knaben aus dem Mittelstand, der weder Bourgeois noch Prolet war, die magnetische Wirkung zweier Pole verspürt und mit gesteigerter Aufmerksamkeit seine Position zu bestimmen versucht, der gleichzeitig aber abseits dieses wirklichen Ortes Anschluß und Geborgenheit sucht; denn in der «Mitte» konnte er sich niemandem öffnen: Daheim, wo *alle Gefühlsausbrüche als Übertreibungen galten*[12], war er mit Gedanken und Empfindungen allein.

Das Haus bei der Klarakirche, in dem Strindberg seine Kindheitsjahre verbrachte. Zeichnung seines Bruders Axel, 1862

Im Herbst 1861 wurde Strindberg auf das private Stockholmer Lyceum umgeschult. An diesem Gymnasium wehte liberaler Wind, und August machte rasch Fortschritte. Nur Mathematik und alte Sprachen behagten ihm nicht; Griechisch wählte er ab. Ihn zogen Naturkunde und lebende Sprachen an; besonders Französisch war damals im Schwange. Bruder Oscar wurde in ein Pariser Internat gegeben, und in der Familie brach regelrechte Frankomanie aus.

Die nächsten Jahre waren überschattet vom vorzeitigen Tod der Mutter, die am 20. März 1862 an Lungentuberkulose starb. In dem an Oscar gerichteten Brief Augusts äußert sich seine Trauer affektiert; seelische Hemmungen werden offenbar: *Mein lieber Bruder Oscar, nun haben wir keine Mutter mehr. Sie starb in der Nacht von Mittwoch auf Donnerstag, wir alle waren bei ihr, doch sie war bewußtlos und erkannte uns nicht... Wir sind sehr traurig, doch Vater hat uns damit beruhigt, daß er uns sagte, dieses sei Gottes Wille. Die Mutter des Herrn Carlsson, Vaters ehemaliger Buchhalter, ist vor kurzem ganz plötzlich gestorben. Der Metzger Falk nebenan starb vergangene Nacht. Wir haben beinahe Frühling, die Drottningsgatan ist ganz frei von Schnee, und das Wetter ist schön... Weine nicht allzusehr oder zweifle daran, daß es Gottes Wille war, sondern beruhige Dich und tröste Dich mit Gottes Wort, so wie wir es getan haben. Dein zärtlicher und trauernder Bruder August*[13]

Für ein knappes Jahr immerhin besserte sich seine schwierige Beziehung zum Vater und gewann eine kameradschaftliche Atmosphäre. Dann heiratete Carl Oscar ein zweites Mal. Seine Braut war die zweiundzwanzigjährige Erzieherin der Kinder, Emma Charlotta Pettersson. Keines der Kinder mochte sie besonders, und als sie nach einem weiteren Jahr ihren Sohn Emil zur Welt brachte, wurde die Stimmung noch gereizter. August kapselte sich mehr und mehr ab und verstieg sich in pietistisches Sektierertum.[14] Damit belastete er die schwierige Zeit der Pubertät, der erwachenden Sexualität versuchte er mit religiöser Askese zu begegnen. Der Trieb machte ihm also doppelt zu schaffen; vor allem Sixt Karl Kapffs Broschüre wider die Onanie[15], die seit 1860 in Schweden weit verbreitet war, stürzte ihn in Konflikte. Er tat, was er nicht lassen konnte, und fühlte sein Rückenmark bereits schwinden, ein Opfer der Bigotterie seiner Zeit.

Das Verhängnis von Schuld und Strafe, sein späteres Generalthema, berührt er bereits in Französisch verfaßten Besinnungsaufsätzen wie *Ist das Menschenleben ein Schmerzensleben* und anderen, die er der heiß verehrten dreißigjährigen Nachbarin Edla Hejkorn zueignet. Größeren Abstand zu seinen Skrupeln, die ihn zumindest intellektuell noch über Jahre verfolgen, findet er durch einen Schulkameraden, den er in seiner Lebensgeschichte *Fritz* nennt – er hieß eigentlich August Bernhard Strömbäck und wurde später Jurist im Medizinalamt.[16]

August las, was im Bücherschrank des Vaters stand. Als Knabe fesselten ihn Indianergeschichten, «Robinson Crusoe» und «Tausendundeine

*August Strindberg im Alter von dreizehn Jahren.
Zeichnung seines Bruders Axel, 1862*

Nacht»; später zog er naturwissenschaftliche Fach- und Sachbücher vor. Mit den Gedichten von Frans Michael Franzén (1772–1847) und Esaias Tegnér (1782–1846), Schwedens berühmten Poeten, kam er als Fünfzehnjähriger nicht klar, aus den Romanen der Frauenrechtlerin Fredrika Bremer (1801–65) schlugen ihm *Familienmief und Tantenmoral*[17] entgegen. Ob er damals bereits die religionskritischen Schriften von David Friedrich Strauß und Theodore Parker in die Hand bekommen hat, ist schwer zu sagen – in *Der Sohn der Magd* führt er sie und andere als Vorbilder einer spürbaren rationalistischen Strömung in Schweden an, die sicher nicht unbemerkt an ihm vorbeigerauscht ist –, genauso wenig wie der Materialismus Jacob Moleschotts und die Evolutionstheorie Charles Darwins, die Skandinavien ebenfalls erreicht hatten.[18] Erst in den letzten Schuljahren beginnt Strindberg sich mit Belletristik, Malerei und allge-

Strindberg als Achtzehnjähriger

meinen ästhetischen Fragen zu beschäftigen. Doch weder Byron noch Tasso, weder Scott noch Zeipel konnten ihn überzeugen, Shakespeare begriff er nicht; seine Favoriten waren Charles Dickens und Eugène Sue. Auch auf die Gedichte der Schweden Zacharias Topelius und Carl Ruppert Nyblom reagierte er aufgeschlossen. Nachhaltigen Eindruck hinterließen Theaterbesuche; besonders Jacques Offenbachs «Schöne Helena» mit ihrer unbekümmerten Kritik an Spießermoral und Antikenkult tat es ihm an. Eine «Hamlet»-Aufführung brachte ihm Shakespeare näher.

Ein aus Begeisterung fürs Militär gewähltes Volontariat bei den Scharfschützen im Jahre 1866 blieb ein kurzer Ausflug; später in diesem Jahr unterrichtete er die Kinder des königlichen Sekretärs Carl Otto Trotz. Der vornehme Herr nimmt seinen jungen Hauslehrer mit ins Sommerhaus auf einer der Stockholmer Schären. Die kummervolle Erfahrung, daß er von den Adligen wie ein Dienstbote behandelt wird, wird überlagert vom Eindruck der Inselwelt, die ihn zeitlebens in ihren Bann ziehen wird. Hierher hat Strindberg einige seiner schönsten Erzählungen verlegt, und hierher wird er sich immer wieder zurückziehen: *Die Schärenlandschaft übte mehr Reiz auf ihn aus als die Strände des Mälaren, und die zauberhaften Erinnerungen an Drottningholm und Vigbyholm verblaßten. Im Jahr zuvor war er auf einer Scharfschützenübung bei Tyresö auf eine Anhöhe gekommen. Dort stand dichter Fichtenwald. Sie krochen zwischen Blaubeerbüschen und Wacholdersträuchern herum, bis sie auf eine steil abfallende Felsplatte hinauskamen. Dort eröffnete sich plötzlich ein Bild, das ihn vor Entzücken frieren ließ. Buchten und Inseln, Buchten und Inseln, weit, weit hinaus bis ins Unendliche... Das war seine Landschaft, die wahre Umgebung für seine Natur; Idyllen, armselige, höckerige graue Steininseln mit Tannenwald, hinausgeworfen in große stürmische Buchten, das unendliche Meer im Hintergrund – in gebührender Entfernung. Er hielt auch fest an dieser Liebe, die nicht damit erklärt ist, daß sie die erste war; weder die Schweizer Alpen, die Olivenhaine des Mittelmeers noch die Felsküsten der Normandie konnten diese Rivalen verdrängen.*[19] Ein Lebensprinzip Strindbergs macht sich geltend: die Fähigkeit zu tiefer persönlicher Bindung, hier an die heimatliche Natur, mit der symbolischen Überhöhung des geschauten Bildes zu vereinen.

Was sollte werden? Scharfschütze und Hauslehrer waren erste Versuche, über die Schule hinauszugreifen. Auch ein Predigtversuch, bei dem er gegen die Gnadenordnung und die Auffassung von der Göttlichkeit Christi rebellierte, ist verbürgt.[20] Er zeigt ihn auf dem Weg vom Pietismus zum Freidenkertum.

Im Mai 1867 legt Johan August Strindberg sein Abitur ab. Im darauffolgenden Sommer verdient er sich Geld fürs Studium als Privatlehrer in Stockholm, hat offenbar seine ersten sexuellen Kontakte und bricht schließlich, am 13. September 1867, nach Uppsala auf, wo er sich immatrikuliert.

15

Unstete Lehrjahre

Auch Uppsala wurde ihm bald zum Symbol, zum Symbol überalterter Bildung und zum Inbegriff der schwedischen Neigung, falsche Ideale zu verewigen und notfalls mit Zähnen und Krallen zu verteidigen. Demgegenüber waren die Anzeichen von Liberalität und Freigeisterei, die er willig aufgriff, Boten eines größeren Wandlungsprozesses. Strindberg war in eine Zeit hineingeboren worden, in der die bürgerliche Revolution Mitteleuropas in heftigen Schüben voranschritt und zu der auch Skandinavien seine ökonomische Rückständigkeit zu überwinden begann. Die Einführung der Dampfschiffahrt war mit dem Haus Strindberg ja unmittelbar verbunden. Das Verkehrsnetz wurde in Schweden ausgebaut, Eisenbahnschienen wurden gelegt. Bergbau, Stahlerzeugung und Holzausfuhr florierten; der Einfluß der bisherigen Mittelklasse wuchs. Auch die Kommunikation wurde reger; nur mit geringer Verspätung gelangten neue Gedanken in den Norden und irritierten das traditionelle Weltbild. Dadurch entstanden Konflikte in der Gesellschaft, die durch die Friedenspolitik der Bernadottes nicht in außenpolitische Aggressivität umgeleitet werden konnten; auch binnenwirtschaftliche und innenpolitische Probleme traten damit unverstellt zutage. Nationalismus und Skandinavismus konnten nicht verhindern, daß 1848 auch in Stockholm die Steine flogen und Massendemonstrationen Todesopfer forderten. August Strindberg hat den Strukturwandel der schwedischen Gesellschaft sehr bewußt miterlebt. Um den Lebensraum, in dem er aufwuchs, abzustecken, leitet er den *Sohn der Magd* folgendermaßen ein:

Die Vierziger Jahre waren vorüber. Der dritte Stand, der sich durch die Revolution von 1792 einen Teil der Menschenrechte erkämpft hatte, war nun daran erinnert worden, daß es auch einen vierten und fünften Stand gab, der nach oben wollte. Die schwedische Bourgeoisie, die Gustav III. bei seiner königlichen Revolte[21] *geholfen hatte, war unter der Großmeisterschaft des ehemaligen Jakobiners Bernadotte* (Karl XIV. Johan) *längst in die Oberklassen aufgenommen worden und trug nun dazu bei, ein Gegengewicht zu den Adel- und Beamtenständen zu bilden, die Karl Johan mit seinen Unterklassen-Instinkten haßte und verehrte. Nach den Zuckungen von 1848 nahm der aufgeklärte Despot Oscar I. die Bewegung in seine Hände. Er sah ein, daß man die Evolution nicht aufhalten konnte, und wollte sich deshalb nicht die Ehre entgehen lassen, die Reformen selbst durchgeführt zu haben. Er verpflichtet sich das Bürgertum durch Gewerbefreiheit und Freihandel – unter gewissen Einschränkungen, versteht sich, entdeckt die Macht der Frau und bewilligt den Schwestern das gleiche Erbrecht wie den Brüdern, ohne den Brüdern die Bürde ihrer künftigen Sorge für die Familie abzunehmen. Unter Hartmansdorff findet seine Regierung im Bürgerstand Unterstützung gegen Adel und Geistlichkeit, die die Opposition bilden.*

Noch immer beruht die Gesellschaft auf Klassen, auf ziemlich naturwüchsig gebildeten, nach Beruf und Beschäftigung unterschiedenen Gruppen, die sich gegenseitig in Schach halten. Dieses System erhält eine gewisse scheinbare Demokratie aufrecht, zumindest in den höheren Klassen.[22]

Seine eigenen *Unterklassen-Instinkte* dichtet Strindberg, der sich in diesem Text als Schüler Auguste Comtes erweist, Napoleons ehemaligem Marschall Jean-Baptiste Bernadotte (1763–1844) an, der 1818 schwedischer König geworden war. Er hatte 1814 mit der Annexion Norwegens die schwedische Kriegsgeschichte beendet; er erweiterte das Verkehrswesen, schaffte die Zünfte ab, teilte die Dorfmarken neu auf, machte die Sicherheit der Person und des Eigentums zum Gesetz. Die Gewährung von Gewissens- und Meinungsfreiheit ermöglichte die Gründung neuer Zeitungen wie «Aftonbladet» von 1830.

Die liberalen Reformen, die den Mittelstand stärkten, hoben freilich das Ungleichgewicht nicht auf, das durch Landflucht und durch die industrielle Konkurrenz Englands und Mitteleuropas verursacht war. In den achtziger Jahren drängen wegen der Versorgungsmängel, der Pauperisierung und der Arbeitslosigkeit fast 350000 Schweden aus der Heimat, meist nach Nordamerika; erst allmählich setzt sich die moderne Industrie erfolgreich durch. Alles in allem war Schweden, als Strindberg zu studieren begann, ein Land, in dem eine Mehrheit apologetischer und opportunistischer Kräfte sich behauptete. Klassizismus und Idealismus beherrschten Philosophie und Kunst, flankiert von einigen Romantikern. Die Autoren, die für Strindberg maßgeblich wurden – Jean-Jacques Rousseau, Hippolyte Taine, Auguste Comte, Henry Thomas Buckle und Eduard von Hartmann, der Philosoph des «Unbewußten» –, hatten offiziell wenig Bedeutung; Émile Zola war geradezu verpönt.

Der zopfige Konservatismus der Universität stößt Strindberg ab; er haßt die selbstgefällige Kleingesellschaft, die sich in der Enklave Uppsala gebildet hat. In seinen Augen ist die Freizügigkeit, die man in der Stadt den Studenten gewährt, Voraussetzung nur für Herumtreiberei[23], nicht aber für eine nach Neuerung strebende Wissenschaft und Lehre. Einerseits kommen ihm die Kollegs stupide vor, andererseits fragt er sich, wie man den Stoff der Fächer überhaupt in wenigen Semestern bewältigen kann: *Er hatte sich für Ästhetik und lebende Sprachen als Hauptfächer entschieden. Doch die Ästhetik umfaßte die Geschichte der Architektur,*

Uppsala, um 1860

Bildhauerei, Malerei, Literatur und dazu die ästhetischen Systeme. Allein dies zu bewältigen, füllte ja ein Leben aus. Die Lebenden Sprachen bestanden aus Französisch, Deutsch, Englisch, Italienisch und Spanisch, samt komparativer Linguistik. Woher sollte er dafür die Bücher nehmen?[24]
Nicht nur das Pensum quälte. Es war auch die Frage, wie er mit ersparten 80 Kronen durchs Studium kam. So knapp er sein Geld auch einteilte, am Ende des Semesters war sein kleines Guthaben verbraucht. Wozu der ganze Aufwand? Wofür hungern? Warum nur ein gemeinsames Zimmer mit Freund *Fritz* – Strömbäck? Um für 700 bis 900 Kronen als Lehrer zu schuften! – An weitere Ziele wagte Strindberg noch nicht zu denken.

Also bewarb er sich in den Semesterferien um Lehrerstellen in ländlichen Elementarschulen; dafür mußte man kein Examen vorweisen. Doch er blieb ohne Antwort und kehrte im Herbst mutlos nach Stockholm heim. Die Spannung zwischen ihm und dem Vater, der mehr von seinem Sohn erwartet hatte, verschärft sich, und um zu Hause nicht als Bettler zu gelten, verdingt Strindberg sich als nicht-examinierter Lehrer an einer Grundschule im Klaraviertel. Das vergällt ihm die Lust an diesem Beruf; vom Katheder aus nimmt sich die Prügelpädagogik, die er in der Klaraschule selbst genossen hatte, nicht besser aus. Doch dann bekommt er die Chance, nachmittags Privatstunden für die Töchter des Arztes Oscar Sandahl zu geben. In dessen Sommerhaus auf Djurgarden lernt er den jüdischen Arzt Axel Lamm kennen, der ihn als Hauslehrer seiner eigenen Kinder abwirbt und ihn zum Medizinstudium unter seiner Aufsicht überredet.

Seine ärztliche Laufbahn begann mit chemischer Laborarbeit im Technologischen Institut. Dort hatte er die erträumten Herrlichkeiten seiner Kindheit in nächster Nähe. Aber wie trist und trocken waren die Wurzeln der Wissenschaft![25] Er sieht sich mit Lektionen aus Fauna und Flora, mit Anatomie, Physik und Latein überhäuft: *Noch mehr Latein!* stöhnt er.

Im selben Herbst 1868 stellt er sich im Hause Lamms eine Ampulle Blausäure her, die er fortan mit sich führt: *Sie zu besitzen, war seltsam reizvoll. Der Tod, das Ende, in ein paar Tropfen unter einem Glasstöpsel.*[26] Launen und Depressionen machen sich damals bei ihm bemerkbar, und er beginnt mit dem Tod zu spielen. Wie verzweifelt seine Stimmungen oft auch gewesen sein mögen, seine Selbstmorddrohungen, mit denen er viele Briefe wie mit rhetorischen Floskeln schmückte, bleiben ein Flirt mit der Gefahr, in deren Nähe er sich allerdings gerne aufhält. Manchmal peinigt er sich damals schon mit dem Verdacht, geistesgestört zu sein.[27]

August Strindberg ist unausgeglichen, unzufrieden mit den Richtungen, die er eingeschlagen hat, und fühlt sich wie ein Speicher, der nur aufnimmt und aufnimmt, ohne sich wieder zu verausgaben. Es fehlt ihm das Reizmittel, das den Stau bricht. Er findet es – im Theater.

Das Dramatische Theater lag nur einen Steinwurf von seiner Unterkunft entfernt. Mehrmals in der Woche zieht es ihn in die Vorstellungen. Mit jungen Lehrerkollegen liest er Schillers «Räuber», die ein Feuer entfachen, in dem er nun politisches Eisen und poetisches Gold zusammenschmelzt: *Hier wurde Aufruhr gepredigt; Aufruhr gegen Gesetze, Gesellschaft, Sitten, Religion. Dies war die Revolution von 1781, also acht*

*Titel der Uppsala-Erzählungen «Aus Fjärdingen und Svartbäcken»,
Stockholm 1877*

*Jahre vor der Großen Revolution. Dies war das Anarchistenprogramm
hundert Jahre vor seiner Zeit, und Karl Moor war Nihilist.*[28]

Das Theater macht ihm den Mut, nein zu sagen. Als er trotz ausgiebiger Laborarbeit im Mai 1869 ein chemisches Examen in Uppsala nicht besteht, schert er aus den Studien aus, um Schauspieler zu werden. Blind für die Anforderungen dieses Berufs wandte er sich an Frans Hedberg, den Dramaturgen des Königlichen Theaters, der ihn auf den Saisonbeginn im Herbst vertröstete. Strindberg gab die Hauslehrerstelle auf und präparierte sich mit Lessings «Hamburgischer Dramaturgie», Goethes «Regeln für Schauspieler» und Schillers Dramen fürs Vorsprechen.

Wissenseifer verraucht / Jugendfreude verbraucht / unter Vokabeln und Aufsatzschlingen. / «Nein, dann lieber – Akteur, / ja im Notfall Souffleur, / denn als Arzt Kirchhöfe düngen!» heißt es in einem seiner wenigen vor 1870 geschriebenen Gedichte.[29] Er bekam, wie es zur Prüfung des Talents üblich war, ein Auftrittsdebut, scheiterte und begriff nicht, daß man ihn auf die Schauspielschule verwies und nur als Statisten einsetzte. Er quittierte mit einem Selbstmordversuch, doch das Opium, das er nahm, reichte nicht aus. Im Katzenjammer entdeckte er seine wirkliche Begabung: In einem Produktivitätsrausch schrieb er in wenigen Novembertagen die Komödie *Eine Namenstagsgabe* (*En namnsdagsgåva*) nieder, die ihm unter seinen Kameraden erste Anerkennung als Dichter eintrug. Er reichte das Stück dem Dramatischen Theater ein. Es wurde nicht angenommen, und das Manuskript ging verloren. Es handelte offenbar vom Konflikt eines Sohnes mit Vater und Stiefmutter, der durch die Frau geschlichtet wird.

Unmittelbar nach der Arbeit an seinem ersten Stück schrieb Strindberg ein zweites; daß *Der Freidenker* (*Fritänkaren*, 1869) gleichfalls als Komödie konzipiert ist, obgleich die Spannung mit dem Vater und *die Erinnerung an die religiösen Auseinandersetzungen*[30] einbezogen sind, zeigt den Abstand, den Strindberg zu seiner Schulzeit bereits gewonnen hat.

Freidenker ist der Student Karl, der wegen seiner Ansichten um eine Lehrerstelle gebracht wird und seine Braut verliert. Er opfert alles seiner Überzeugung. Sein Schlußmonolog endet mit dem Wunsch, *daß die Sonne der Freiheit, Wahrheit und Aufklärung... aufgehen möge und ihre Leben spendenden Strahlen in Schloß und Hütte verbreite*[31].

Seine Abneigung gegen Verse überwindet Strindberg in der Blankvers-Tragödie *Hermione* (*Det sjunkande Hellas, Das sinkende Hellas*, 1870). Mit einem Antikendrama im heroischen Stil erhofft er sich den gebührenden Erfolg; das für den Zeitgeschmack zurechtgemachte Stück bringt ihm zwar keine Aufführung, dafür aber eine Anerkennung der Schwedischen Akademie ein.

Im Frühjahrssemester pilgert Strindberg wieder zu den Vorlesungen in Uppsala. Eine kleine Erbschaft seiner Mutter, die er jetzt, da er volljährig ist, verzehren darf, hilft ihm seinen Lebensunterhalt zu bestreiten. Seine poetischen Neigungen lebt er in dem mit Kommilitonen gegründeten «Runa»-Bund aus, einem literarischen Kreis «neunordischer» Prägung, in dem skandinavistische Altertümelei sich mit romantischer Aufbruchsstimmung verband.[32] Man gab sich altnordische Namen nach den Runen-Bedeutungen, rezitierte und besprach eigene Schriften. Daneben hielt Strindberg engen Kontakt zu seinem Schulfreund Gustaf Eisen, einem künstlerisch interessierten Naturwissenschaftler, der ihn mit Darwins

August Strindberg, 1871

Lehre vertraut machte. Eisen regte auch den Einakter *In Rom* (*I Rom*, 1870) an; 1872 sind es Gustafs Malversuche, die August bewegen, sich auch an der Staffelei zu üben.

In Rom ist das erste gespielte Stück Strindbergs. Es spiegelt eine Episode aus dem Leben des dänischen Bildhauers Bertel Thorvaldsen. Auf einer Reise im Jahr zuvor hatte er dessen Skulpturen ohne Begeisterung in Kopenhagen betrachtet – er hielt ihn für einen *Durchschnittskünstler, gerade talentiert genug, um so berühmt zu werden*[33]. Die historische Gestalt hat Strindberg sicher nicht bewogen, den Stoff aufzugreifen, sondern das eigene Wunschdenken: Plötzlich in Rom, als die Not am größten ist, wird Thorvaldsens Genie erkannt und gefördert.

Bei der Uraufführung am 13. September 1870 im Dramatischen Theater hielt der Autor es nicht bis zum Schluß im Zuschauerraum aus; übernervös registrierte er nur seine Fehler und floh – um fortan Premieren seiner Stücke zu meiden, wann immer es möglich war. Am liebsten hätte er sich wieder umgebracht. Doch überlebt er sogar die schlechte Kritik, mit der er nun zum erstenmal Bekanntschaft macht.

Ein Geschichtsdrama über den schwedischen König Erik XIV. vernichtet er noch vor der Vollendung; auch den *Blot-Sven* verbrennt er, verarbeitet die Fabel, die der isländischen Sage entnommen ist, dann aber zu dem Einakter *Der Geächtete* (*Den fredlöse*, 1871): Ein heidnischer Jarl des 12. Jahrhunderts widersetzt sich dem heraufziehenden Christentum und wird vor Gott in die Knie gezwungen. Die erfolglose Aufführung in Stockholm verschaffte Strindberg immerhin eine Audienz bei König Karl XV., einem kunstsinnigen Monarchen, der damals an Syphilis dahinsiechte; er starb 1872. Den jungen Dichter, der sein Andenken zeitlebens ehrte, empfing er freundlich, entdeckte ihm seine Neigung fürs Altnordische und gewährte ihm ein Stipendium, damit er seine Studien abschließen könne. Doch als Strindberg, der nach der ersten Gratifikation weitere Eingänge erwartete, sich nach den Beträgen erkundigte, wurde er im Februar 1872 mit 200 Kronen abgespeist. Was tun? Der Ehrgeiz war geweckt, die Universität war ihm verleidet. Ein inzwischen begonnenes Philosophiestudium hatte er wieder aufgegeben; ein paar Prüfungen hatte er abgelegt[34], seine schriftliche Arbeit im Hauptfach Ästhetik war jedoch abgelehnt worden. Auch ohne Abschlußexamen verläßt August Strindberg im März 1872 Uppsala, um in Stockholm sein Glück als Schriftsteller zu versuchen.

Meister Olof.
Ein Dramatiker bezieht Stellung

Die *schöne Literatur*, schreibt Strindberg im *Sohn der Magd*, gelte *als Barometer für die geistige Atmosphäre einer Zeit*. *Doch damit sie dies sein kann*, wendet er ein, *muß sie die Freiheit haben, die Fragen der Zeit zu behandeln, etwas, was die damalige Ästhetik nicht zuließ*.[35] Die im Literaturbetrieb und in den akademischen Kreisen vollzogene Trennung von Poesie und Politik gab dem jungen Literaten keine Ruhe. Immerhin hatte er an Schiller erlebt, daß es im schönsten rhetorischen Schwung gefährlich rumoren kann; selbst Byron begriff er nun als Empörer. Goethe hingegen *haßte er, weil er Ästhet war*[36].

Er hatte sich angewöhnt, seine eigene Position im Gegenzug zu einer anderen, traditionell herrschenden oder von berühmten Zeitgenossen vertretenen Auffassung zu entwickeln und vorzutragen. Nicht minder häufig fand er Leitsterne, denen er sich zu folgen entschloß, um sie dann, beim nächsten Schritt, wieder vom Firmament (oder vom Katheder) zu stoßen. Er brauchte Väter und Götter, die er entthronen konnte. Um 1870 hießen seine Heroen Schiller, Victor Hugo, dessen Naturverehrung und Aufruhr gegen Gesellschaft, Dummheit und Pfaffenreligion er genoß, Henrik Ibsen, Bjørnstjerne Bjørnson und Søren Kierkegaard. Besonders dessen Buch «Entweder–Oder» hinterließ tiefsten Eindruck; mit Kierkegaard vollzog er offenbar seine Wendung gegen alle philosophischen Systeme, die ihm nun gleich-gültig, gleich wert oder unwert, vorkamen; mit Kierkegaard begriff er Denken und Schreiben als existenzielle Entscheidung in wirklichen Lebenssituationen. «Entweder–Oder» teilt sich in die «Papiere von A und die Papiere von B». Ästhetiker und (christlicher) Ethiker werden durch ihre Korrespondenz einander gegenübergestellt. Die kontrastierende Darstellung verschiedener Lebenshaltungen wird zum Medium des Philosophierens – Tagebuch und Brief erschienen da tauglicher als logische Paragraphen.

Strindberg folgte Kierkegaard nicht in der Konsequenz, nicht in die Theologie, aus der er gerade herauswollte, aber er akzeptierte die Notwendigkeit einer Entscheidung; sein Anliegen war, das Entweder–Oder von Politik und Poesie, Idealismus und Materialismus mit der Forderung nach realistischer Gestaltung zu überwinden. Für die Abhandlung *Hakon Jarl oder Idealismus und Realismus*, die als Examensarbeit durchfiel,

Søren Kierkegaard, um 1853. Zeichnung von H. P. Hansen

Henrik Ibsen. Holzstich aus dem Jahre 1870

hatte er Kierkegaards Methode übernommen. Gegen alle Hochschulge-
pflogenheit war ein kunsttheoretisches Thema der Gegenwart aufgegrif-
fen und zudem völlig unakademisch behandelt worden. In zwei fingierten
Briefen äußern sich *A.* und *B.* über Adam Gottlob Oehlenschlägers Tragödie «Hakon Jarl der Mächtige». Der 1850 verstorbene dänische Klassi-
zist galt noch immer als richtungsweisende Autorität des skandinavischen
Dramas – auch Strindbergs *Geächteter* ist ohne «Hakon Jarl» nicht denkbar. *A.*, der sich begeistert zeigt, ist, so kann man sagen, der Strindberg
der vergangenen Jahre; *B.*, der skeptisch antwortet, der Dichter Strindberg des kommenden Jahrzehnts: ... *Oehlenschläger – Gott bewahre uns
– erweckt in unserer realistischen Zeit keine Dramatik zum Leben – denn
wir sind endlich so weit gekommen, daß wir Realisten geworden sind! ...
jetzt hat der Norden dramatici gesehen – ich meine Hauch, Ibsen und
Bjørnson – die mag man studieren, aber keineswegs schenken sie uns eine
Dramatik. Nein, nur die Zeit selbst kann uns, wenn sie reif ist, eine Dramatik schaffen, und gegenwärtig kann ich unsern dramatici kein anderes Studium empfehlen als die Zeit selbst.* [37]

Zwar kamen neue Impulse aus Norwegen – auch der erwähnte Johannes Carsten Hauch, Oehlenschlägers Nachfolger auf dem Kopenhagener Lehrstuhl, war Norweger –, doch schwebt Strindberg ein nationales
schwedisches Drama vor. An wessen Dramatik die Zeit sich erfüllen
werde, wenn sie reif ist, steht für ihn fest. Die norwegischen Vorbilder
und Konkurrenten durften nur indirekt wirksam sein; wenn Strindberg
darüber klagt, daß *die Schweden so ausländisch geworden sind, daß wir
uns selbst und unserem Lande fremd wurden* [38], dann dürfen seinem Vor-
satz getreu nur schwedisches Leben, schwedische Geschichte auf die
Bühne gebracht werden. Entsprechend hatten auch Ibsen und Bjørnson
ihre dramatische Laufbahn mit Themen aus der norwegischen Historie
begonnen. Ibsen war 1872 mit seinen «dramatischen Gedichten»
«Brand» (1866) und «Peer Gynt» (1867) der Durchbruch in Skandinavien
längst gelungen. Daß er beide Versdichtungen ursprünglich als Lesedra-
men verfaßt hatte, griff Strindberg dankbar auf, um gegen die Unselb-
ständigkeit und Zwitterhaftigkeit dieses Genres zu polemisieren. Der
Ruhm Ibsens war ihm stets ein Dorn im Auge; doch zumindest mit
«Brand» hat er sich intensiv auseinandergesetzt: *Brand bereitete ihm viel
Kopfzerbrechen. Der hatte das Christentum aufgegeben, die schreckliche
Askesemoral aber beibehalten... Brand war ein Pietist, ein Fanatiker, der
sich anmaßte zu meinen, er könne gegen die ganze Welt recht behalten,
Johan* – so nennt Strindberg sich im *Sohn der Magd* – *fühlte sich verwandt
mit diesem grauenhaften Egoisten, der obendrein noch unrecht hatte.* [39]

Identifikation und Abscheu zugleich machen die Faszination aus, die
Brand auf ihn ausübte, dieser in seiner Rechtgläubigkeit selbstherrliche
Reformator. Brand forderte zum Gegenentwurf heraus. Es ist nicht län-
ger nur der Widerspruch zwischen Pietismus und Staatskirche, der Strind-

berg beschäftigt; der Streit um den Glauben wird nun mit dem Kampf zwischen beharrenden und revolutionären Kräften in der Gesellschaft verbunden. Wer ist Schwedens Reformator und wie kann er mit den Anfechtungen umgehen, denen er ausgesetzt ist?

1872 schreibt Strindberg *Meister Olof* (*Mäster Olof*), nicht in Versen, sondern in Prosa, nicht fürs Forum der Leser, sondern für die Bühne. Shakespeare und Goethes «Götz von Berlichingen» sind die literarischen Vorbilder; und um das historische Wesen seines Stoffs zu erfassen, studiert er eifrig die schwedische Reformationszeit. Olof war Olof Pedersen (Olof Petersson) oder, in der bekannteren latinisierten Namensform, Olaus Petri, der lutherische Reformator Schwedens. Gemeinsam mit Laurentius Andreae hatte er Gustav I. Vasa bei der Gründung einer protestantischen Nationalkirche unterstützt, die 1527 auf dem Reichstag von Västerås ins Leben gerufen wurde. Das Reformationswerk ist zwiespältig. Mit der nationalen Tat kann Strindberg sich einverstanden erklären; aber die Kirche ist Staatskirche geworden, und gerade das konservative Bollwerk aus Protestantismus und Monarchie gilt es für ihn, in seiner Zeit, zu überwinden. Er gibt Olof im Drama eine zweite, revolutionäre Hauptfigur an die Seite.

Benutzt Strindberg schon im Titel den schwedischen, nicht den lateinischen Namen seines Helden, so verdeutlicht das auslösende Moment des Stücks sein patriotisches Anliegen unmißverständlich: Gegen den Willen seines Bischofs, der den öffentlichen Gottesdienst in der Gemeinde Strängnäs untersagt, bis die Steuern bezahlt sind, liest Kanonikus Olof zu Pfingsten die Messe – zum Entsetzen der traditionsverhafteten Laien jedoch nicht lateinisch, sondern schwedisch. König Gustav bestellt den couragierten jungen Mann als Ratsschreiber nach Stockholm; er braucht dort einen Stellvertreter, der mit den brodelnden Reformunruhen der Wiedertäufer fertig wird. Doch Olof bemüht sich um die Durchsetzung eines humanitären Glaubens, der unabhängig von der Kirche ist: *Ihr sollt die Seelen nicht binden... Ihr seid frei, denn Gott hat euch freigemacht!*[40] Mit dieser Verkündigung aber gerät er zwischen die Fronten. Er handelt bereits gegen seinen Auftrag, als er versucht, zwischen dem Gesetz und den Wiedertäufern zu vermitteln, und scheitert an der Staatsräson. Im Angesicht des Henkers leistet er Abbitte. *Abtrünniger!* ist das letzte Wort des Gegenspielers und Mitkämpfers Gert Buchdrucker, der zur Hinrichtung geführt wird.

Strindberg setzt Olof nicht nur politischen Gegenkräften aus, sondern auch dem Widerstand seiner nächsten Umgebung. Die Köpfe und Seelen der Mutter, des Bruders, der Frau lassen sich, so zeigt er, mit der wahren Lehre ebensowenig in Einklang bringen wie der Wille des Landesfürsten. Staatsräson, Vorurteile und Verwandtschaftsbindung stellen ihn vor widersprüchliche Forderungen. Dadurch, daß Strindberg die doppelte Abhängigkeit von gesellschaftlichen Umständen wie von persönlichen Ver-

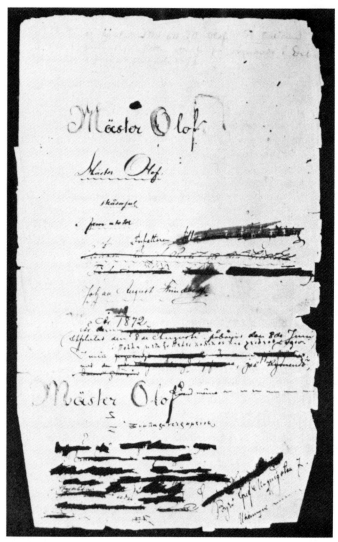

Umschlag des Kymmendö-Manuskripts von «Meister Olof»

pflichtungen darstellt, wirken seine Figuren «modern», gebrochen, nicht einsinnig konsequent wie im traditionellen Historiendrama. Anspielungen auf die Gegenwart sind dem Autor wichtiger als historische Genauigkeit – etwa, wenn er die Wiedertäufer *de lugna – die Stillen* – nennt und dadurch mit den Pietisten gleichsetzt, oder wenn er seine ungeliebte Universität als *das alte Eulennest Uppsala* erwähnt.[41] Außerdem enthält das Schauspiel eine kaum versteckte Sympathiekundgebung für die 1870 in Paris gescheiterten Kommunarden. *Unsere Ernte*, läßt er Gert Buchdrucker, den Advocatus Diaboli der Revolution, sagen, *war nicht reif. Es muß viel Schnee fallen, wenn die Herbstsaat aufgehen soll, ja, Jahrhunderte müssen vergehen, bevor man auch nur einen Keim zu sehen bekommt. Die Verschwörer sind verhaftet, sagt man und hält Dankgottesdienste ab; man irrt sich, hier, rings um uns her, gibt es Verschworene... aber sie wagen nicht, was wir wagten, doch einmal wird es kommen. Leb wohl Olof! Du mußt länger leben, denn du bist jung... mißtraue nie den Regungen, die dich in deinem Innersten erschüttert haben, wenn du jemand geistig oder körperlich Gewalt erleiden sahst!*[42]

In *Meister Olof* weicht Strindberg vom üblichen Schema des Genres viel zu weit ab, um Erfolg haben zu können. Mit seiner modernen Lesart eines geschichtlichen Stoffs, seiner psychologischen Rollenzeichnung und dem Verzicht auf Verse tritt er aus dem Historismus des 19. Jahrhunderts heraus. In gewisser Weise holt er in Schweden nach, was Georg Büchner und Christian Dietrich Grabbe in Deutschland – ohne Echo bei Theater und Publikum freilich – erledigt hatten. Aber das weiß er nicht. Er weiß, daß sein Projekt gelungen ist und rechnet mit Widerhall. Um so tiefer empfindet er die Enttäuschung, als das Königliche Theater den *Meister Olof* zurückgibt. Beim Vorwurf, hier würden Talent und Kunst unterdrückt, läßt er es jedoch nicht bewenden. Verunsichert unterwirft er *Meister Olof* mehreren Überarbeitungen, durch die er die erste gelungene Fassung indessen nur verbiegt und verharmlost. Im Dezember 1874 schrieb er an Frans Hedberg: *Mein Stück war zu einer fixen Idee ausgeartet, für die ich zwei Jahre lang alles versuchte und meine ökonomische Stellung ruinierte.*[43] Noch 1876 setzte er sich daran, *Meister Olof* in Verse umzuarbeiten. Das Prosa-Original wurde erst am 30. Dezember 1881 vom Nya Teatern in Stockholm uraufgeführt, die Versfassung kam 1890 im Königlichen Theater auf die Bühne.

Solange Olof ihn beschäftigte, war Strindberg zu neuen dramatischen Entwürfen nicht aufgelegt. Das verlorengegangene Lustspiel *Nörgelei* (1873) und die Komödie *Anno achtundvierzig* (1876) waren allenfalls satirisches Geplänkel am Rande, ein Vorspiel eher der Prosa-Unternehmungen der kommenden Jahre als eine Fortführung dramatischer Produktion, die erst 1882 wieder einsetzt. Der Alltag war ohnedies von anderen Dingen bestimmt.

Journalist in Stockholm

Er *begann zunächst zu malen*[44], nachdem er sich 1872 ein dürftiges Zimmer in Stockholm gemietet hatte; sich bei den Eltern einzuquartieren kam nicht mehr in Frage. An der Staffelei stieß Strindberg bald an die Grenzen seines Talents, doch blieb das Interesse an bildender Kunst allezeit lebendig. Seine späteren, an William Turner geschulten Werke zeigen sogar eine ganz eigenwillige, originäre künstlerische Kraft; in dicken Malschichten fixiert Strindberg Meer und Land, verewigt Augenblicke chaotischer, kreißender Bewegung. Heute werden für seine Bilder Millionenpreise auf Auktionen bezahlt – mehr als für Werke aller anderen skandinavischen Maler. Er fand Anschluß an die Bohème-Gesellschaft der jungen Maler, Bildhauer und der Journalisten, zu denen er selber gehörte. Strindberg lebte nämlich von Artikeln, die er – bis zum Sommer 1872 – vor allem in der neuliberalen «Aftonposten» unterbringen konnte. Von ihm stammten umstrittene Kunstkritiken, er äußerte sich über Literatur, nahm Stellung zu gesellschaftlichen Fragen und zur Tagespolitik. In einem seiner ersten Aufsätze forderte er die Gründung einer Universität in der Landeshauptstadt, die Staatswissenschaft und Medizin als zentrale Studiengänge anbieten sollte. Politischen Fragen gegenüber wird er jetzt immer aufgeschlossener; er vertieft sich in Henry Thomas Buckles antiautoritäre, materialistische Kulturgeschichte, die auch *Meister Olof* methodisch beeinflußt hat; er beginnt unter dem Einfluß von Alexis de Tocqueville aber auch seine Einstellung zur Demokratie und zu den «Massen» zu korrigieren und gewinnt einen Eindruck der subtileren Machtausübung – im *Sohn der Magd* zitiert er später Tocquevilles Satz: *«In demokratischen Republiken läßt die Tyrannei den Körper außer acht und zielt direkt auf die Seele.»*[45] Auch Tocqueville wirkt im Hintergrund von *Meister Olof*, den Strindberg in den Sommermonaten auf der Schäreninsel Kymmendö zu Papier brachte, nachdem seine wichtigste Einkommensquelle, «Aftonposten», eingegangen war.

Die Schärenwelt, die Strindberg ein Leben lang anlockt, in die er sich immer wieder zurückzieht, um neue Kräfte zu sammeln, und die einige seiner schönsten Dichtungen inspiriert, verhilft ihm nun zum erstenmal zum literarischen und beruflichen Fortkommen. Er sendet der Zeitung «Dagens Nyheter» einen Aufsatz mit dem Titel *Das Leben in Stock-*

Strandpartie auf der Schäre Kymmendö. Gemälde Strindbergs von 1873

holms Schären (*Livet i Stockholms Skärgård*), der im September 1872 gedruckt wird und ihn als Mitarbeiter empfiehlt. Bevor er bei dieser ersten, 1864 von Rudolf Wall gegründeten Stockholmer Morgenzeitung feste Anstellung findet, vergeht allerdings noch ein Jahr. Er füllt es, indem er sich als Redakteur eines Versicherungsblattes versucht, dessen Bankrott er kräftig mitverursacht haben dürfte. Seine Hauptbeschäftigung war es nämlich, das Versicherungswesen und namentlich eine «See-Versicherung» bloßzustellen. Er informierte nicht über die Branche, sondern fügte ihr unermüdlich Schaden zu.

Das war nicht die einzige Pleite. Im Vorgriff auf einen Erfolg des *Meister Olof* hatte er sich Geld geliehen, das er nun nicht zurückgeben kann. Er verschwindet aus Stockholm, taucht ein paar Monate als Statist im Göteborger Theater unter und beginnt dann als Lehrling im Telegrafenamt von Sandhamn. Eine aufregende Reportage, in der er die lebendige Schilderung eines Schiffsunglücks mit der Darstellung der anschließenden Gerichtsverhandlung koppelt, trägt ihm im Dezember 1873 einen Redakteursposten bei «Dagens Nyheter» ein.

Damit stand Strindberg, knapp fünfundzwanzigjährig, am Beginn einer erfolgversprechenden Journalistenlaufbahn. Er verfaßte Hunderte von Artikeln zu den unterschiedlichsten Themen, publizierte in verschiedenen Tageszeitungen und Wochenblättern, arbeitete als Stockholmer Korrespondent für «Hufvudstadsbladet» in Helsingfors, dem heutigen

Helsinki. Bei weitem nicht alles ist heute mit Sicherheit zuzuschreiben; häufig unterzeichnete Strindberg seine Berichte nicht oder versteckte sich hinter Kürzeln und Pseudonymen. Seine Zeit als *murvel*, als *Schmierfink*, der seine scharf zugespitzte Feder an beliebigen Themen – vom Pferderennen über die Universitätsreform bis zur Reichstagsrede – zu wetzen lernte, ist folgenreich für seine ganze Schriftstellerkarriere gewesen. Sie schulte seinen Stil, sie lehrte ihn genau zu beobachten und präzis wiederzugeben, sie versorgte ihn mit einer Fülle von Daten und Fakten und der Kenntnis von Zeitströmungen. Er lernte realistisch und satirisch zu formulieren, oft mit scheinbarem Ernst und doch unverhohlenem Spott, wie in seinem Bericht über *die gegen alle Vermutungen uninteressante Begrüßungsansprache* des Grafen Sparre in der «Zweiten Kammer»: Er erinnerte *an die große Hauptfrage der bevorstehenden Reichstagung, deren glückliche Lösung er für wünschenswert halte und die auch, wie er nicht bezweifle, ihre Lösung finden werde, zumal er, der Redner, glaube, sich für die reinen Absichten derjenigen verbürgen zu können, welche sich der allseitigen Untersuchungen angenommen haben (der Regierung?). Des weiteren wollte der Redner, der es für unzulässig hält, vor dieser Versammlung, die sich nicht eingefunden habe, um Reden zu halten, zwecklose Phrasen vorzutragen, lediglich der Vermutung Ausdruck geben, daß dieser Reichstag als bedeutungsvoll in die Geschichte eingehen werde.*[46] Dies kabarettistische Kabinettstück beweist, daß hier ein reiches Talent im Journalismus Unterschlupf fand – was sollte an der sogenannten Dichtung besser, gewichtiger sein, wenn sie unfähig war, sich gewandt zu Tagesthemen zu äußern? Der Schriftsteller Strindberg bildete als Journalist sein jahrzehntelang gehegtes Vorurteil gegen die Dichtkunst aus. «Zwischen seinem Buchstil und seinem Zeitungsstil», schrieb sein Biograph Erik Hedén, «war darum auch viel weniger Unterschied, als es früher bei Schriftstellern der Fall war.»[47]

Nach Zerwürfnissen mit dem Chefredakteur Rudolf Wall, der sich in seinem Interesse für diesen unausgegorenen, aber begabten jungen Schreiber dadurch nicht beirren ließ, scheidet Strindberg bereits 1874 wieder aus den «Dagens Nyheter» aus, arbeitet eine Zeitlang im «Svenska Medborgaren», dem Blatt der Bauernpartei, schreibt für die literarische Wochenschrift «Svalan» und bewirbt sich dann mit Erfolg bei der Königlichen Bibliothek. Den Ausschlag gaben wohl die lobenden Artikel, die Strindberg, der sich in den Lesesälen emsig mit Kenntnissen versorgte, über das Institut geschrieben hatte. Oberbibliothekar Gustav E. Klemming gewährt ihm eine Stellung als «Königlicher Sekretär», die ihm zwar nur ein kümmerliches Gehalt, dafür aber soziales Ansehen verschafft. Klemming, der später noch in Strindbergs okkulten Erlebnissen auftaucht, scheint eine skurrile, aber imponierende Gestalt gewesen zu sein: Es existiert eine Zeichnung Strindbergs, die ihn mit hoher Stubenkappe, wallendem Haupthaar und langem Spitzbart zeigt. Leben kann

Der Lesesaal der damals neuerrichteten Königlichen Bibliothek in Stockholm

Oberbibliothekar Gustav Edvard Klemming. Aquarellierte Zeichnung von Strindberg, um 1880

Strindberg nicht von seinen Einkünften als Bibliotheksbediensteter und Archivar, er setzt daher in seinen freien Stunden das unstete Leben eines freien Journalisten fort.

Die Neugier auf die verschiedensten Bereiche des gesellschaftlichen Lebens, die Umtriebigkeit des Reporters, der Kampf ums tägliche Brot, leiteten Strindbergs künftigen Erfolg ein – nicht das immer noch andauernde, vergebliche Ringen um den bereits vollendeten und nicht mehr verbesserungsfähigen *Meister Olof*, mit dem er sich als verkannter Dramatiker selbst behinderte und quälte. Man wird hier auf einen Widerspruch aufmerksam, der Strindbergs Verfassung sein Leben lang bestimmt, auf den Widerspruch von Entmutigung, Selbstpeinigung und Nervenkrieg einerseits, Energieentladung, Streitbarkeit und mutwilligem Witz andererseits. In den schlimmsten Phasen führte das Nebeneinander von Reizbarkeit und pessimistischer Kapitulation zu Zuständen der Katatonie und beängstigender Lebensuntauglichkeit. Das eine war so wirklich wie das andere; doch erscheint angesichts der Arbeitswut, der Kampflust und der grobianischen Gelage, die Strindberg mit seinen Kumpanen zu feiern pflegte, der Pessimismus à la Eduard von Hartmann, dem man sich verschrieben hatte, häufig genug wie eine modische Attitude – der «Welterlösung vom Elend des Wollens» wurde jedenfalls nicht Vorschub geleistet. Die Runde von Journalisten, Malern und Offizieren, die sich zu abendlichen Zusammenkünften, Sauftouren und wilden Unternehmungen in «Berns' Café» im Berzeliuspark traf, hatte mit dem neuen Monarchen Oscar II., der Strindbergs verehrtem Karl XV. 1872 auf den Thron gefolgt war, ein Feindbild der *Frömmelei* gewonnen, das sich großartig bekriegen ließ. Die Alternative war die unverblümte Offenheit und zynische Rücksichtslosigkeit, die im Alkoholdunst und in den Rauchschwaden, die im berühmten «Roten Zimmer» des Lokals waberten, praktiziert wurde. Diesem Kneipenraum hat Strindberg 1879 in seinem Roman *Das rote Zimmer* (*Röda rummet*), einem mit autobiographischen Details durchsetzten einzigartigen satirischen Sittenbild der frühen oscarianischen Gesellschaft, ein Denkmal gesetzt. Auf die Frage des dänischen Kritikers Edvard Brandes, wie denn ein junger Schriftsteller eine solch tiefgehende Vertrautheit mit der schwedischen Gesellschaft erlangen könne, antwortete Strindberg 1879 in einem Brief, daß die sechsjährige Periode, in der er wieder und wieder seinen *Meister Olof* bearbeitete, zwar eine Qual gewesen sei, aber auch unentbehrlich für das *Rote Zimmer: Während jener sechs Jahre schrieb der Verf. anonym in Zeitungen, berichtete über den Reichstag, über das Theater, über Tagungen, Generalversammlungen, Wettrennen – mit einem Wort, damals wurden die Studien für Das Rote Zimmer in vivis getrieben.*[48]

Siri von Essen

Die Zukunft beginnt sich zu lichten, doch ist sie noch die Zukunft eines Einzelgängers, eines *heimatlosen Junggesellen*[49]. Zu Frauen hat August Strindberg ein zwiespältiges Verhältnis. Die unerwiderte Liebe zu einer Cousine war ein Schatten seiner Studentenzeit; es gab ein paar Romanzen und Affären, die er in den Erinnerungen eher unwillig abhandelt. *Unruhe und Unlust beruhten nicht auf einem unterdrückten Geschlechtstrieb, denn seinen Trieben versagte er jetzt nichts*, sagt er schon über die Zeit vor 1870.[50] Sexuelle Befriedigung fand er wahrscheinlich nicht nur durch Onanie und gelegentliche Bordellbesuche; allem Anschein nach herrschte in den Studenten- und Bohème-Kreisen ein lockerer Umgang mit Erotik, der öffentlichen Moral zum Trotz, die ihre Schleier übers Intimleben gebreitet hatte.

August Strindberg war leicht entflammbar, er zeigte aber auch rasch seine Verachtung den Mädchen gegenüber, die unbekümmert ihre Partner wechselten. Sie boten Gelegenheiten, die man – oft rüde und rücksichtslos – wahrnahm, aber sie waren nicht die Frauen, zu denen man aufblicken konnte. Sein Ideal war die Frau, die Madonna und Mutter zugleich war. Die doppelte Moral, die sein Frauenbild spaltete und seine Partnerschaften verwüstete, hat er später als Ideologie durchschaut – und bekräftigt. Er hat mit ihr sogar seine Trennung von der Kellnerin Ida Charlotta Olsson im April 1875 gerechtfertigt, mit der er anderthalb Jahre in einem erotischen Katz-und-Maus-Verhältnis gelebt hatte:

Doch als er dann als Beamter in die Bibliothek eintrat, stellte er eine erneute Veränderung fest. Jetzt, da er Aufstiegschancen zeigte, erwachte in ihr die Furcht, ihn zu verlieren, und ihr Unterklasseninstinkt mahnt sie, ihn unten zu halten. Er wiederum versucht, sich ans Land zu retten, indem er die Gelegenheit sucht, einer großen und reinen Neigung zu begegnen. Darunter verstand er ein Mädchen von seinem Stand und seiner Bildung, mit der er sich verloben und später verheiraten konnte. Trotz aller Skepsis existierte sie noch, die Madonnenverehrung... Statt eine kräftige Mutter zu suchen, sucht er eine auf der gesellschaftlichen Skala Höherstehende. Darum werden nicht höher entwickelte Menschen, sondern besser angepaßte Gesellschaftsmitglieder geboren, was zur Folge hat, daß die Gesellschaft an Kraft gewinnt, die Gattung aber verliert. In eine Frau mit derben

Siri von Essen. Fotografie, um 1880

Formen, häßlichen Nägeln oder großen Füßen konnte er sich nicht verlieben.[51] Sein soziales Minderwertigkeitsgefühl wollte der *Sohn der Magd* durch den kostbaren Besitz einer feingliedrigen Aristokratin ausgleichen, die ihm die Schönheit und mütterliche Zuneigung darbot, die dem Niveau seiner Intelligenz entsprach: ein weibliches Komplement seiner männlichen Vorzüge und Defizite. Eine Mutter, die Kellnerin gewesen war – das bürgte angeblich für gesundes Blut aus der Unterklasse und erregte zugleich das bittersüße, selbstmitleidige Gefühl, soziales Unrecht erlitten zu haben, aber eine Kellnerin an seiner Seite – das war auf Dauer undenkbar. Für Ida Charlotta war kein Platz mehr. Ob ihr Sohn Johan, den sie im Dezember 1875 zur Welt bringt, Strindbergs Kind war, bleibt dunkel. Er hat ihr Untreue vorgeworfen, sie als Hure beschimpft und mit diesen Vorwürfen seinen Verdacht abgewehrt, das Kind könne von ihm sein.[52]

Auf Drottningsgatan begegnet er *im Juni*[53] 1875 bald nach der Trennung seinem Idealbild. Sie heißt Siri Wrangel und ist eine Freundin der Pianistin Ida Forstén, mit der Strindberg einen Spaziergang unternimmt. Deren Verlobter Algot Lange, der damals als Sänger in Helsinki auftrat, kannte Strindberg aus der Studienzeit und hatte ihn gebeten, sich um Ida zu kümmern. Strindberg «kümmerte» sich eingehend und verursachte damit, einem Brief an Siri zufolge, ein Eifersuchtsdrama – doch vielleicht hat er die Affäre mit Ida auch nur erfunden, um die tiefere und verbotene Zuneigung zu vertuschen, die er zu der Adressatin gefaßt hatte.[54]

Siri, getauft als Sigrid Sofia von Essen, stammte wie Ida Forstén, die sie mit Strindberg bei dem zufälligen Treffen bekannt gemacht hat, aus Finnland. Sie war am 17. August 1850 auf einem Gut bei Helsinki geboren, das ihrem Vater, dem adligen Offizier Carl Reinhold von Essen, gehörte. Nach wirtschaftlichen Fehlschlägen war die Familie nach Stockholm übergesiedelt, wo Siri 1872 mit Carl Gustaf Wrangel verheiratet wurde. Wrangel war Offizier der Svea Garde, des königlichen Infanterieregiments, ein Nachkomme jenes Feldmarschalls Wrangel, der wegen seiner Taten im Dreißigjährigen Krieg als Nationalheld verehrt wurde. Siri heiratete also in den vornehmsten schwedischen Adel ein, aber damit war ihr Traum dahin, Schauspielerin zu werden. Durch Strindberg lebte er wieder auf. Der ungewöhnliche junge Literat ging bald als Freund der Familie in ihrem Heim in der Norrtullsgatan aus und ein – diese Wohnung war Strindberg vertraut, denn seine Eltern hatten sie 1864 für mehrere Jahre gemietet. Das Spiel des Zufalls machte die persönliche Bindung noch familiärer: Siri nimmt darin die Stelle der Mutter ein, deren Ehebett einst hier stand. *Wie ein Kind, das sich bei der Mama beklagt,* wendet Strindberg sich in einem Brief an Siri, die sich im Juli 1875 in Helsinki aufhält, und sie antwortet: *«Wir haben uns ja geeinigt, daß ich Ihre ‹liebe Mama› bin.»*[55]

Mit dieser Reise Siris setzt ein lebhafter Briefwechsel ein, der auch innerhalb Stockholms nicht eingestellt wird. Mit Einwilligung Siris wollte Strindberg ihn 1886 als Teil seiner Lebensgeschichte herausgeben, als einen *Seelenroman, der nicht gedichtet, sondern erlebt ist*[56]. Der Verleger Bonnier gab die angeblich nicht veränderten Briefe, bei denen nur die Namen verändert worden waren, jedoch nicht in Druck, und das Buch *Er und Sie* (*Han och hon*, 1875/76) erschien erst postum. Eine gewisse Skepsis ist dieser Publikation gegenüber angebracht, auch in Hinsicht auf die streckenweise schwer nachvollziehbare Reihenfolge und Datierung der Briefe, doch bietet sie den durchaus authentischen Einblick in eine «ille-

August Strindberg, 1875

gale» Liebesaffäre des vergangenen Jahrhunderts, mit all ihren Überhöhungen, Selbststilisierungen und einer moralischen Gefühlsmaskerade, mit der die Beteiligten sich auch voreinander verstecken. Edelmut und Seelenkameradschaft verhindern zunächst eine Menage à trois; das Wechselbad verspannter Gefühle und ehrenwerter Rücksichten wird hinter einem Paravant blumiger Reden, großspuriger Beteuerungen und zerknirschter Selbstbezichtigungen genommen: *Ich bin und muß der Vernichter sein – der Vernichter des Bösen! Wenn ich das nicht darf, gedeihe ich nicht mit dem Guten!*[57]

Im Oktober nimmt Strindberg Reißaus. Er läßt sich von «Dagens Nyheter» nach Paris schicken und besteigt den Dampfer in Richtung Le Havre. Doch in Dalarö geht er wieder an Land, läuft liebeskrank durch den Wald, schwimmt ins Meer hinaus und läßt sich danach den Herbstwind durch die Rippen blasen: *... mit der Schläue eines Wahnsinnigen gedachte ich in bester Ordnung ums Leben zu kommen, indem ich mir eine Lungenentzündung oder etwas Ähnliches zuzog...*[58] Über Friedhofsmauern und unter Trauerweiden durch inszeniert der vor Fieber Schlotternde seinen Heimweg ins Quartier, von dem aus er die Wrangels alarmiert. Sie kommen herüber, um dem Freund zu helfen, der nun seine Paris-Reise verschiebt: *Was sind alle Dome von Antwerpen und alle Kunst des Louvre dagegen, daß ein Mensch Schaden an seiner Seele nimmt!*[59]

Das sentimentale Spektakel geht seinem Höhepunkt zu, als das Trio sich zum Quartett erweitert und Carl Gustaf ein Verhältnis mit Siris neunzehnjähriger Cousine Sofia In de Betou anknüpft. Siri ergreift nun die Initiative, erst durch Umschreibungen, dann, als Strindberg ihr entgegenkommt, sehr deutlich: «*Sie sind so bedeutend – stehen so hoch über mir – Sie könnten (wage ich ein solches Wort anzuwenden?) mich lieben? – Es ist nicht nur mein weiblicher Stolz, der sich geschmeichelt fühlt – ich liebe Sie!*»[60] Nun, da Wrangel eine neue Beziehung eingegangen ist, hintertreibt Strindberg die Versöhnung und entrüstet sich: *Sie erniedrigen sich, ihn mit ihr zu teilen! Ich werde toll!... Unter demselben Dach, unter dem Ihr unschuldiges Kind schläft! Mein Gott, das ist zuviel!*[61] Die Wrangels scheinen es, sieht man von Siris verletzter Eitelkeit ab, nicht viel genauer damit genommen zu haben als Strindberg mit seinen Studentenliebschaften. Doch was haben Bohème-Geschichten mit Ehe und aristokratischem Verhalten gemein? Er hat die Unerreichbare erreicht und fühlt sich nun moralisch ihrem Gatten überlegen. Und er will *die schönste Frau in Schweden* jetzt allein haben, er will nicht teilen, was seinem sozial-ästhetischen Ideal so voll und ganz entspricht: *Sie hat die blauesten Augen, die kleinsten Füße, das blondeste Haar, die schönste Stirn, die feinsten Hände.*[62] Seine *Prinzessin* hingegen war durchaus willens, ihre Liebe zu teilen; sie fürchtete außerdem den Skandal. Auch Siris Mutter, die den Status erhalten möchte, mischt sich ein. Zu spät, das Rad läßt sich nicht zurückdrehen. Der Skandal, der Wrangels Karriere vernichtet hätte,

39

Der schlafende Strindberg. Bleistiftzeichnung von W. S. Dahlbom. Paris, 1876

wird auch mit Strindbergs Hilfe nicht ohne Verlogenheit durch einen Scheidungsprozeß umgangen; im Mai 1876 wird die Ehe gelöst.

Der Briefwechsel enthüllt bei Strindberg und Siri eine aufeinander zu entwickelte Neigung, mit Verrücktheit und Todesverlangen zu kokettieren, Symptome manischer Depression und Launenhaftigkeit zu bekunden und sich selber herabzusetzen; gleichzeitig wird mit hohen Ansprüchen gespielt. An Wrangel schreibt Siri Anfang 1876: «*Eine schlimme Gattin, eine schlechte Mutter, eine elende Hausfrau, ein klägliches Weib! Mein Gott, mein Gott, warum durfte ich nicht eine gute Schauspielerin werden?*»[63] Strindberg intoniert auf der richtigen Klaviatur, indem er sein Licht unter den Scheffel stellt (*Die Dichtkunst ist das abscheulichste von allen Lastern*[64]), Siri zum Engel macht, der ihn aus der Tiefe errettet habe (*Vor einem Jahr war ich tatsächlich ein Elender! Ich haßte und wurde gehaßt!*[65]) und sie in ihren künstlerischen Plänen bestärkt: *Du bist geboren, auf dem Thron der Welt des Geistes zu sitzen. – Erfüllen Sie Ihren hohen Beruf! Sie müssen Schauspielerin werden! ... Ich will mit Ihnen spielen, für Sie schreiben und – Sie lieben!*[66]

In der Tat bereitet Siri sich nach der Scheidung auf eine Schauspielkarriere vor und debütiert so vielversprechend, daß sie im Juni 1877 ans Königliche Theater engagiert wird. An Strindberg hingegen zehrt die Ablehnung des *Meister Olof*, von dem er sich, monomanisch weiterarbeitend, nicht trennen kann. Ein Brief vom 9. Oktober 1875, in dem er auf sein einziges großes literarisches Projekt jener Zeit eingeht, ist aufschlußreich: *Ich sehne mich*, schreibt er von Dalarö an die Wrangels, *nach den stillen Klosterhöfen meines Dramas, nach meinem Jüngling Olof, nach*

Siri Strindberg als Camille in «Ein Theaterstück», 1877

*meiner Jungfrau Kristine, die ich nach einem eigenen Kopf schaffen kann –
die ich umschaffe, wenn ich ihrer müde werde – die niemals böse auf mich
wird – die ich mit niemandem zu teilen brauche – von der ich mich trennen
kann, sobald ich will...*[67] Sein problematisches, projektives Verhältnis zu
anderen Menschen und seine Abhängigkeit vom Schreiben sind hier in
nuce festgehalten.

Doch die gleichfalls mit starken Projektionen besetzte Liebe zu Siri
schob das – verunsicherte – Autoren-Bewußtsein in den Hintergrund;
Siris Schwanken zwischen Bekenntnismut und Zurückhaltung machten
wiederum auch sein privates Leben unsicher. Seine Kollegen in der Bibliothek empfanden ihn in jener Zeit als düster und abweisend, doch ist
bei seinen Sorgen diese Unzugänglichkeit verständlich. Auseinandersetzungen in Gegenwart seiner Schwester Anna und ihres Gatten Hugo
Philp – Strindbergs Freund – hatten zum endgültigen Bruch mit dem Vater geführt, der Weihnachten 1876 ins Tagebuch schreibt: «Alle Kinder
daheim warteten auf die beiden Verlorenen, August und Anna»[68] – sie
blieben fern, und Carl Oscar zwingt die Geschwister, den Kontakt mit
ihnen abzubrechen.

1876 hatte Strindberg zwar seine Paris-Reise nachgeholt, aber die Sen-
sationen der Stadt ließen ihn kalt. Weder die Impressionisten noch die
Theaterkunst jener Zeit beeindruckten ihn; nur Sarah Bernhardt fand er
überwältigend[69]. In Stockholm scheiterte sein Versuch, eine eigene Zeitschrift (*Die Gazette*) herauszugeben. Ein beruflicher Lichtblick war nur
die Novellensammlung *Aus Fjärdingen und Svartbäcken* (*Från F. och S.*,
1876), literarische Skizzen aus dem Studenten- und Gelehrtenmilieu
Uppsalas. Finanzielle Vorteile brachte ihm der Umzug der Königlichen
Bibliothek Ende 1877 in den Humlegården. Dort stieg, nach Gratifikatio-
nen für die Extra-Arbeit, sein Salär auf etwa 1000 Kronen im Jahr. Außerdem lehrte er an einer privaten Schule, schrieb Artikel und übersetzte
amerikanische Humoristen, neben anderen Mark Twain.

Die Aufbesserung seines Gehalts bot Möglichkeit für die feste familiäre Bindung; außerdem war Siri schwanger. Am 30. Dezember 1877 heiraten August Strindberg und Siri von Essen; am 21. Januar kommt das
Kind zur Welt. *Zum Glück*, schreibt er später, *bringt die Niederkunft zu
verbergen, Einigkeit in diesem Punkt, daß nämlich das Neugeborene in
Erwartung eines geeigneten Zeitpunkts für die Adoption in Pension gegeben werden muß.*[70] Daß es als Kind unbekannter Eltern ins Kirchenbuch
eingetragen wurde, erwähnt er nicht. Es ist anzunehmen, daß beide Partner erleichtert waren, als es bald darauf stirbt: der scheinheilige Auftakt
einer unruhigen Ehe.[71]

Literarischer Durchbruch

Die politische Lage wird immer interessanter, schreibt Lizentiat Borg in jenem Brief, der das Schlußkapitel des Romans *Das rote Zimmer* (*Röda rummet*, 1879) bildet; *alle Parteien haben sich wechselseitig mit Geschenken und Gegengeschenken bestochen, und nun sind sie alle miteinander grau*.[72] Mit dem kalten Blick des Mediziners läßt Strindberg ihn noch einmal die Gestalten seines Romans Revue passieren: Borg unterrichtet den nach Paris abgewanderten Maler Sellén (dessen Vorbild Strindbergs Freund, der schwedische Impressionist Per Ekström war), was aus denen geworden ist, die nach 1865 versuchten, sich ihren Platz im bürgerlichen Leben zu sichern, aus den Studenten und Assessoren, den Journalisten und jungen Künstlern, aus den pfiffigen Helden einer nonkonformistischen Bohème. 1865 ist das *Todesjahr der Hoffnungen*, in dem der neue Zweikammerreichstag eingesetzt wurde, das Jahr, mit dem die *schreckliche Reaktion* sich formierte.[73]

Olle Montanus, eine andere Romanfigur, vertraut diese Einsicht seinem Testament an, bevor er sich umbringt. Olle, Bildhauer und Steinmetz, ein unschöner, beleibter Kumpan aus der bäuerlichen Unterschicht, ist als witziger Amateurphilosoph und als politisches Naturtalent gezeichnet. Sein vor dem Arbeiterverein Nordstern gehaltenes und ausgepfiffenes Referat *Über Schweden* ist ein satirisch-ironisches Glanzlicht des Buchs. Mit Hinweisen darauf, daß Schweden einst *deutsche Kolonie* gewesen sei und sich mit *schottischem Gesindel* und *slawischen* Eindringlingen vermischt habe, entzieht er dem Nationaldünkel allen Kredit: *Kann mir jemand etwas Schwedisches an Schweden nennen, etwas anderes als unsere Kiefern, Fichten und Eisengruben, die auf dem Markt bald nicht mehr gebraucht werden? ... ich sage nicht zuviel, wenn ich behaupte, daß die schwedische Nation eine unbegabte, hochmütige, sklavische, mißgünstige, kleinkarierte und rohe Nation ist. Und darum geht sie ihrem Untergang entgegen, und zwar mit großen Schritten! (Jetzt erhob sich Lärm im Saal! ... Nieder mit dem Verräter! Er macht sich über uns lustig!) Die schwedische Nation kann nur schreien und sich prügeln, das höre ich!...*[74]

Der Arbeiterverein, der diesen Redner vom Pult stößt und dafür einem Rittmeister, der für die Wehrpflicht plädiert, lebhaften Beifall zollt, ist so korrupt wie alle anderen, in deren Sphären Strindberg eindringt. Und

«Berns' Salon» im Jahre 1870. Zeichnung aus der «Ny Illustrerad Tidning»

gibt es einmal einen *Ehrenmann, der seinen Weg unsträflich wandelt und der die Klagen der Unterdrückten und Mißhandelten vorbringt*[75], so hört ihm – hier im Reichstag – niemand zu. Nur Arvid Falk, ein junger Berichterstatter, nimmt wahr, wie es ums *arme Vaterland* bestellt ist. Falk hat eine sichere Beamtenlaufbahn aufgegeben, um als freier Literat unbestechlich der Wahrheit auf der Spur zu bleiben. Doch wohin ihn seine Streifzüge auch führen, überall tappt er in das schwedische *Grau*, an dem Olle Montanus scheitert. Überall stößt er auf Eigennutz, Unwissenheit und Heuchelei. Frei ist hier, wer sich verkauft; Gesinnung geht nach Bezahlung. Arvids trübe Erfahrung sind Strindbergs Erfahrungen, und vor allem das Zeitungswesen bekommt seine Zeugenschaft quittiert. Weder «Dagens Nyheter» – spöttisch *Rödluvan* (*Das Rotkäppchen*), genannt – wird verschont noch die Arbeiterpresse oder das ehemals liberale «Aftonbladet», das aus Verkaufsgründen konservativ wird.[76] Strindberg nennt es *Das Graumäntelchen* (*Gråkappan*) – auch im Schwedischen gibt es die Redensart «vända kappan efter vinden»: «sein Mäntelchen nach dem Wind hängen».

Kein Zweifel, daß Strindberg versuchte, in Arvid Falk seinen eigenen Charakter zu porträtieren – ohne daß dieser darum aufhört, eine eigenständige literarische Figur zu sein; umgekehrt hat Strindberg kaum einmal nur einer einzigen Figur seine Züge geliehen. Auf jeden Fall verschafft Arvid Zugang zu dem Bild, das Strindberg von sich hatte. Er war *eine durch die Erziehung so eingeschüchterte Natur, daß er allezeit glaubte, er tue Unrecht*[77]; wie Falk *schwankte* er *zwischen Fanatismus und absoluter Gleichgültigkeit*[78], zwischen dem Drang zu verändern und dem Zwang, sich zu erhalten. Die Romanfigur wird zum Spiegelbild, mit dem Selbsterfahrungsexperimente möglich sind.

Wie Falk muß Strindberg sich in einer Welt zurechtfinden, in der *die große, des Jahrhunderts größte neue Entdeckung gemacht worden war, daß es nämlich billiger und angenehmer ist, vom Geld der anderen zu leben als von der eigenen Arbeit*[79]. Und wer dagegen anrennen wollte, konnte unter Umständen einen blutigen Kopf bekommen; denn: *Wer hat denn das Gesetz für die Reichen geschrieben, du Tor? Doch der Reiche! Also der Herr für den Sklaven!*[80] Wenn du der Selbstverbrennung zuvorkommen *willst*, bekommt Falk daraufhin von einem opportunistischen Lohnschreiber zu hören, *dann lege dir schnellstens einen neuen Gesichtspunkt für die Dinge der Welt zu; übe dich, sie aus der Vogelperspektive zu betrachten, und du wirst sehen, wie klein und bedeutungslos dir alles erscheint.*[81]

Realismus schlägt hier in Pessimismus um, der jedoch wieder als der *wahrste Idealismus* erscheint – denn *wenn du Vollkommenheit und Vortrefflichkeit in all dem hier siehst, wie kannst du dann Sehnsucht nach dem wirklich Vollkommenen empfinden?*[82], läßt er eine andere Figur sagen, bezeichnenderweise einen Schauspieler, der sich nur im Geist über die bedrückende Kleinstadt-Existenz erheben kann. Es gab für einen Autor den Weg, Distanz und Engagement zu verbinden, ohne Gesichtsverlust, ohne schwere Selbstvorwürfe wegen Inkonsequenz und Preisgabe von Einsichten. In den verschiedensten Gestalten konnte er ausprobieren, welcher Maßstab an welche Situation anzulegen war; auf die Umstände kam es an, ob Kampf mit offenem Visier oder ob kühle Beobachtung angezeigt war.

Literarisch findet dieses Nebeneinander von Angriff und bloßer Betrachtung seinen Niederschlag im Wechsel der Erzählperspektiven. Wie mit einer Filmkamera fährt Strindberg oft von weit her an seine Szenen heran, um bald völlig in sie einzutauchen, bald sich wieder beschreibend oder reflektierend zu entfernen. Er befähigt dadurch, sich über die eben noch distanzlos erlebte, entmutigende Realität zu erheben. Er schildert sie mit grimmigem, illusionslosem Sarkasmus, nicht selten auch mit einer an Dickens und den Amerikanern geschulten humoristischen Laune. Er führt den Leser von Schauplatz zu Schauplatz, von Thema zu Thema. Aus den lose verbundenen Handlungsbögen und einer Vielzahl von Genreszenen fügt sich nach und nach ein Gesamtbild, ein Mosaik des Stockholmer Lebens der siebziger Jahre. Strindberg ist in der Künstlerkolonie, im Theater und in der Zeitung ebenso zu Hause wie bei Politikern, Versicherungsgesellschaften, Geistlichen, karitativen Damen, bei kleinen Angestellten und Werktätigen. Ihm öffnen sich auch literarisch die Türen zum Reichstag, zu Verlegern, in die Sezierräume eines Hospitals und zu jenem Treffpunkt, nach dem sein Buch benannt ist. Allein im Bohème-Kreis des *Roten Zimmers*, bei den Jungen, denen der Zugang zu den lukrativen Geschäften noch versperrt ist, sind aufgeweckte, wahrheitsliebende und ehrliche Kerle vertreten – aber wie lange werden sie es bleiben?

Borgs wenig hoffnungsfroher Brief zieht den Schlußstrich unter eine glänzend komponierte satirische Sittengeschichte, ein anekdotisches Sammelalbum gesellschaftskritischer Skizzen, eine in ihrer stilistischen Vielschichtigkeit verblüffend moderne Prosa-Arbeit. Strindbergs entlarvende Bosheit, der destruktive *Nihilismus*, den die Kritik ihm vorwarf, erweisen sich bei näherem Hinsehen als ein konstruktives Plädoyer für Reformen und deren Voraussetzung: Ehrlichkeit und politische Moral. Der Pessimismus ist keinesfalls resignativ.

So geteilt die Aufnahme bei den Rezensenten auch ist, das Echo ist enorm. 7500 Exemplare werden innerhalb eines halben Jahres verkauft. Im Handumdrehen ist Strindberg zum Wortführer der radikalen jungen Literaten geworden. Was er unbedingt wollte, ist ihm gelungen: Er hatte Aufsehen erregt. Ebenso wichtig war der finanzielle Ertrag. Als das Buch entstand, verfügte Strindberg über so wenig Geld, daß er sich nicht einmal den liebgewordenen Sommerurlaub in den Schären leisten konnte. In den Jahren davor hatte er Schulden gemacht, Darlehen aufgenommen, Bürgschaften geleistet – und so sah er sich 1878 während einer wirtschaftlichen Flaute, bei der es manchem Spekulanten in Schweden an den Kragen ging, zum Offenbarungseid gezwungen. Das kleine Vermögen, das seine Familie besaß, verschwand; den Aktiva von 5500 Kronen standen mehr als 9000 Kronen Passiva gegenüber, und es dauerte einige Zeit, bis er alle Schulden tilgen konnte. Wie eine junge Ehe, in der die insolventen Partner weder auf geschmackvolle Möbel noch auf modische Kleidung und kulinarische Menüs verzichten können, an hohen Schulden scheitert, hat Strindberg 1882 in der Erzählung *Liebe und Brot* (*Kärlek och spannmål*) lebhaft ausgemalt.

Vor allem in Dänemark wird *Das rote Zimmer* begeistert aufgenommen, Edvard und Georg Brandes feiern es als die Entdeckung einer großen Begabung und empfehlen Jens Peter Jacobsen das Buch. Björnstjerne Bjørnson, Henrik Ibsen und Jonas Lie werden auf Strindberg aufmerksam. Seine Darstellungskunst, seine Fähigkeit, psychische Triebkräfte, den Egoismus und die verlogene, selbstzufriedene Moral seiner Epoche bloßzustellen, ließen den Kritiker des «Aftonbladet» von einem «Realismus, der immer mehr in Naturalismus übergeht»[83], sprechen. Bald herrschte Einigkeit: mit dem *Roten Zimmer* sei der «Zola-Naturalismus» in Schweden ausgebrochen.

August Strindberg, überrascht, sich *als Imitator Zolas klassifiziert* zu sehen[84], verschafft sich dessen «Schnapsbude» («L'Assommoir») und

Émile Zola. Radierung von Duboutin

kommt damit zum erstenmal in Berührung mit dem «Naturalismus» und seinem Erfinder – der Begriff stammt von Zola. Strindberg ist von der Lektüre benommen: *Als er das Buch gelesen und über die intensive Kraft der Schilderung und die Unerschrockenheit bei der Behandlung des Motivs gestaunt hatte, hielt er sich für überflüssig. Was er hatte tun wollen, war also schon geschehen, auch auf dem Gebiet des Romans*. «Die Schnapsbude» – jener Teil des «Rougon-Macquart»-Zyklus, in dem proletarische Helden in die französische Literatur einziehen – war eben erst in Schweden erschienen. Sei es, daß die Ahnung von der avancierteren geschichtlichen Position des Franzosen, sei es, daß die halbbewußte Anerkennung eines größeren Talents Strindberg beunruhigte, er fühlte sich von Zola *abserviert, kehrte zur Vergangenheit zurück und versteckte sich eine Zeitlang hinter seinen kartographischen und orientalischen Studien*[85]. Er vergrub sich in die Bibliothek.

Dabei hatte er wenig Grund, entmutigt zu sein. Mit seinen eigenen Bestrebungen traf sich, daß Zola die wirkliche Umgebung des Schriftstellers zum literarischen Feld machte, daß er sie «wissenschaftlich» zu durchdringen versuchte, kausale Verknüpfungen, Erbe, Milieu und historische Situation analysierte. Auch Zola hatte Taine und Comte gelesen. Auch Strindberg hatte geographische, historische, soziologische und psychologische, pathologische «Dokumente» wie Zola[86] mit verschiedenen Schreibtechniken einzuarbeiten versucht. Aber anders als in Frankreich gab es in Schweden weder eine schon gefestigte Bourgeoisie noch eine starke Arbeiterbewegung. Strindberg reagierte auf einen viel weniger entwickelten Gärungszustand, in dem er ein akademisches «Proletariat» verelenden sah, während Spekulanten und Gauner die Positionen einer künftigen Oberklasse einnahmen. Zu deren Demaskierung war Strindbergs Spott viel geeigneter als der Mitleids- und Tristesse-Naturalismus. Während «Die Schnapsbude» mit Gervaises Weinen und Schluchzen anhebt, beginnt *Das rote Zimmer* mit dem Kapitel *Stockholm in Vogelperspektive*: Nüchtern und skeptisch verläßt sich ein Dichter hier allein auf die Kraft und die Stichhaltigkeit seiner Schilderung. *Unten und Oben* heißt für Strindberg, der sich nie eine differenzierte Klassen- oder Revolutionstheorie zu eigen gemacht hat, der gesellschaftliche Widerspruch; und wer unten ist, will nach oben: *Allein, daß es eine Oberklasse gab, lag wie eine dunkle Wolke über dem Leben der Masse.*[87]

Es ist denkbar, daß weniger die Konkurrenz Zolas als die Scheu vor der Öffentlichkeit, die *Das rote Zimmer* geweckt hatte, Strindberg vorsichtig machte. *Falk*, schrieb er über sein literarisches Alter ego, *ist ein politischer Fanatiker, der weiß, daß er verbrennen würde, wenn er der Flamme Luft ließe, und darum löscht er sie mit strengen trockenen Studien.*[88]

Diese *trockenen Studien* aber waren für Strindberg Abenteuerreisen durch den Staub der Archive, auf denen er seine geistige Welt erweiterte. So war er in der Bibliothek einmal auf eine Sammlung chinesischer Bücher gestoßen, und fasziniert von den *schönen großen Schriftzeichen, die er nicht verstand, die aber Gedanken von Menschen ausdrückten*[89], lernte er, um den Bestand zu katalogisieren, autodidaktisch die Sprache. Die Memoranda und Essays, die er über seine Funde und über die schwedisch-chinesischen Beziehungen verfaßte, fanden in Rußland und Frankreich akademische Anerkennung, auf die er unbändig stolz war. Er grub Asien-Karten aus dem 18. Jahrhundert aus, die die Schweden Renat und Strahlenberg gezeichnet hatten; seine kartographischen Kenntnisse nutzte er noch 1910, um den bedeutenden Forscher Sven Hedin als Scharlatan bloßzustellen. Expeditionen wie Adolf Nordenskiölds erste Umschiffung ganz Asiens, an der sein Freund Anton Stuxberg teilnahm, übten magische Anziehungskraft auf ihn aus.

Auf seine Weise war Strindberg dem Expansionsdrang der Reisenden und Eroberer des imperialistischen Jahrhunderts verfallen: Der Besitz des Fremden und Unbekannten diente auch bei ihm, aller Kritik am gegenwärtigen Schweden zum Trotz, dem nationalen Ansehen. So respektlos er mit der Gegenwart umging, so ernsthaft und einfühlsam wendete er sich der Vergangenheit zu. Manchmal kam der Dreißigjährige sich selber sehr alt vor, als ob er aus einer anderen Zeit stammte, gegenüber einer Gegenwart, in der sich nichts mehr zu bewegen schien: *In diesem Lande*

*Eine Seite aus der Kulturgeschichte «Das schwedische Volk»
mit einer Illustration von Carl Larsson*

leben die Leute wie die Toten.[90] Die Geschichte erschien ihm dagegen wie eine vertraute Landschaft, durch die man Ausflüge machen und in der man neue Kräfte schöpfen kann. Mit einem Spaziergang durch die Heimatstadt im Jahre 1733 eröffnet er die in Fortsetzungen erscheinende Sammlung *Alt-Stockholm* (*Gamla Stockholm*, 1880–82), die er gemeinsam mit dem Gelehrten Claes Lundin verfaßte und herausgab. Das Material dazu hatte sich im Laufe der Jahre bei der Bibliotheksarbeit angesammelt. Diese kulturhistorischen Stimmungsbilder, in denen die alte Stadtlandschaft, das Alltagsleben und die Gebräuche vergangener Jahrhunderte in Erinnerung gerufen werden, gewinnen rasch Popularität. Noch bevor die Serie abgeschlossen ist, bietet ihm der Verleger Fritzes die beträchtliche Summe von 10000 Kronen für eine schwedische Kulturgeschichte. Strindberg willigt ein und bewältigt eine Arbeit, die als Lebenswerk eines Forschers nicht zu klein bemessen wäre, in unglaublich kurzer Zeit. 1881 und 1882 erscheinen bereits die beiden 500 Seiten starken Bände *Das schwedische Volk* (*Svenska folket*); 1881 hatte sich Strindberg erst mit einem Freund, dem Maler Carl Larsson, nach Kymmendö zurückgezogen, um die Illustrationen zu besprechen und Texte zu formulieren. Wenn er sein *großes Werk* vollendet habe, *mit dem er die ganze schwedische Nation demaskieren werde*, kündigt er Edvard Brandes von dort aus an, *werde er nach Genf oder Paris ins Exil gehen*[91].

Zwar hat Strindberg sich mit seinem monumentalen Vorhaben übernommen, doch hat das *große Werk*, wenn es auch flüchtig und in seinen Teilen unausgeglichen durchgeführt ist, durchaus Methode. Neben der Informationsfülle verdient die gedankliche Grundlage Beachtung: Strindberg polemisiert unverblümt gegen die weithin anerkannte Formel des Historikers E. G. Geijer, *die Geschichte der Fürstengewalt* sei *die Geschichte des Volkes*[92], und nennt dessen Anhänger die *Stillstandspartei*. Zwar begreift er Geschichte als *Sammelsurium* und bezeichnet die Versuche, ihr Gesetzmäßigkeiten abzulesen, als das *ordnende Bestreben* subjektiver Betrachter[93], aber er hält es für notwendig, Geschichte *von unten aus*, aus der Sicht der *Unterprivilegierten* zu betrachten und darzustellen. Das Volk, nebst Königen, Rittern und Geistlichen, ist Gegenstand und Held in seiner Chronik: ... *am Werktag und am Feiertag, im Krieg und im Frieden, daheim und draußen*, wie es im Untertitel heißt: *Ein Jahrtausend schwedischer Bildungs- und Sittengeschichte*. Strindberg bemüht sich, das Bild aller Erwerbszweige, Lebensweisen und Sitten der verschiedenen Stände bis zum Wohnen und Essen durch die Jahrhunderte hindurch nachzuzeichnen, und er widersetzt sich damit dem *Versuch der Zeit, die Nationalitäten auszulöschen. Teils als ein Vorbild in einfachen Sitten, teils als Warnung vor überhandnehmendem Luxus und vor der Auslandshörigkeit* führt er Volkstrachten und -lieder an.[94] Ein anti-zivilisatorischer, rousseauistischer Zug und die Verklärung des Bauernstandes sind unübersehbar.

Das schwedische Volk mit seinem für Strindberg eigentümlichen Verschnitt von Dokument und Fiktion ist eine Pioniertat auf dem seither unendlich erweiterten Markt des populärwissenschaftlichen Sachbuchs. Es erfreute sich schnell großer Beliebtheit, wurde aber von Kritikern und Fachgelehrten heftig angegriffen.

Ein Ergebnis der kulturhistorischen Recherchen ist auch die Komödie *Das Geheimnis der Gilde* (*Gillets hemlighet*), die am 3. Mai 1880 im Dramatischen Theater uraufgeführt worden war. Das Stück hat parabelhafte Züge; der Konflikt zwischen beharrenden Mächten und erneuernden Kräften ist hier ins Uppsala von 1402 verlegt. Die traditionsverhaftete Baugilde setzt nicht den begabten Steinmetz Sten als *ålderman*, als Leiter des Dombaus ein, sondern Jacques, den Sohn des vorigen. Der Turm wird zwar vollendet, stürzt aber wieder ein – ein Symbol gesellschaftlicher *Degeneration*, die eintrete, *wenn der Sohn die Stellung des Vaters erbt, ohne seine gestohlenen Meriten zu erben* [95]. Die Zuständigen richten sich wohl nach den Statuten, aber das Wesentliche, das *Geheimnis* der Baukunst oder, wie Strindberg auch sagt, *der Glaube* ging verloren. Doch er läßt es dabei nicht bewenden. Er hat die Kontrahenten beide mit den eigenen, einander widersprechenden Eigenschaften versehen, zieht nun das Interesse vom Himmelsstürmer Sten wieder ab und richtet es auf den schmerzvoll scheiternden Jacques. Das Stück leidet unter diesem dramaturgischen Knick, doch Strindberg scheint diese Unstimmigkeit bewußt in Kauf genommen zu haben. Er versuchte hier seine Position zwischen Alt und Neu zu orten; er wollte – wie Jacques – unter Mühen erwerben, durch Scheitern lernen, nicht – wie Sten – durch revolutionäre Akte zum Vorbild werden. Die Uraufführung – mit Siri von Essen als Jacques' Frau Margaretha – war ein mattes Ereignis.

Doch sein Name war im Gespräch. In einer viergeteilten Ausgabe erschienen die frühen Schriften unter dem Titel *Frühlingserwachen* (*I vårbrytningen*); Ende 1881 wurde endlich auch der *Meister Olof* gespielt. Eine jugendliche Anhängerschaft, die sich bald darauf als «Junges Schweden» formierte, sammelte sich um Strindberg, der sich dadurch nicht nur geschmeichelt, sondern auch überrumpelt und zur Parteigängerschaft genötigt fühlte. Das war ihm unheimlich. Der konservativen Front, den Gegnern und Kritikern hingegen erklärte er mit der satirischen Schrift *Das neue Reich* (*Det nya riket*, 1882) den offenen Krieg. Er stach damit ins Wespennest.

Erfahrungen mit der Ehe

Im Oktober 1882 kündigte die Zeitschrift «Figaro» in einem hämischen Artikel Strindbergs Exil an. Er sei geistesgestört, hieß es, und verlasse daher Schweden. Das sei das beste für ihn selbst, für diesen «Schwindler und Scharlatan», dessen Werk sich als «eine literarische Mißgeburt» erwiesen habe.[96]

Von den Infamien, denen er sich und seine Familie ausgesetzt sah, fühlte Strindberg sich regelrecht bedroht: *Sie beschimpfen meine kleinen Töchter, wenn sie ausgehen, sie schicken schmutzige Briefe, die besten unter ihnen senden anonyme Post, die schlimmsten intrigieren gegen die Karriere meiner Frau...*[97] Die paranoiden Schübe, die ihn chronisch heimsuchten, sind offenbar empfindliche Überreaktionen auf ganz reales Geschehen; Erkenntnis, Angst, Wut und wahnhafte Übersteigerung gehen bei ihm häufig unabgrenzbar ineinander über. Hélène Welinder, eine Bekannte, der wir eine sehr glaubwürdige Beschreibung des Ehepaars Strindberg zur Zeit des Schweizer Aufenthalts verdanken, hat einen der jähen Haßausbrüche Strindbergs erlebt. Er überraschte sie um so mehr, als sie Strindberg nur als einen Menschen kannte, «dessen ganzes Äußere und Benehmen den Stempel der Feinheit und Rücksichtnahme trugen»[98]. Die «Sturzwelle leidenschaftlicher Ausdrücke»[99] kam ihr «so verbittert, so haßerfüllt» vor, daß sie sich fragte: «Hat er mit dem, was er sagt, recht, oder leidet er an Verfolgungswahn?»[100] Fühlte Strindberg sich angegriffen, konnte er sich völlig verwandeln und böse und tückisch reagieren. Für eine Stellung in der Öffentlichkeit, die ihn zur ungeschützten Zielscheibe machte, noch dazu für die Rolle des Provokateurs war seine Empfindlichkeit ebenso unpraktisch wie für seine Ehe. Seine kraß und krankhaft wechselnden Launen mußten über kurz oder lang auch die Partnerschaft mit der eigenwilligen und nach künstlerischer Selbständigkeit strebenden Siri vergiften. Zu Beginn der Ehe bestätigen alle Augenzeugen ihr schönes Einvernehmen. «Beide hatten», erinnert sich Strindbergs Schwester Anna, «das Ziel ihrer Wünsche erreicht, und es folgten einige glückliche Jahre. August wurde in seiner Schriftstellerei von seiner Frau angeregt und aufgemuntert, und er schrieb sogar Rollen für sie... Siri Strindberg besaß nämlich einen brennenden Hang zum Theater, erklomm aber nie den höchsten Gipfel der Kunst.»[101]

*Einladung zur Taufe von Greta Strindberg am 20. Juli 1881.
Zeichnung von Carl Larsson*

Siris Laufbahn war nicht von Dauer. Bereits im Frühjahr 1881 hatte sie ihr Engagement am Königlichen Theater wieder eingebüßt. Schuld daran war sicher auch die Geburt der Töchter: Karin kam am 26. Februar 1880 zur Welt, Greta am 9. Juni 1881. Doch sind auch die überkommenen Urteile über ihre Darstellungskunst eher zurückhaltend. «Die Schweden hier sagen, sie könne nicht spielen», schrieb Bjørnson aus Paris an den Theaterdirektor Ludvig Josephson, «sie habe weder den Charme noch die Stimme... für die Bühne. Wenn das so ist, warum sagen Sie es ihm dann nicht, Josephson?»[102] Er wird sich gehütet haben. Eine Zeitlang bemühte sich Strindberg noch, ihr Auftrittsmöglichkeiten zu verschaffen, auch wenn er sich, laut Anna, nie «mit Leib und Seele für ihre Theaterlaufbahn» einsetzte, «weil er eine fast kindische Angst um Siri hatte». Eine Gastspielreise Siris nach Finnland mit «Jane Eyre» (in Charlotte Birch-Pfeiffers Bühnenbearbeitung des Romans von Charlotte Brontë) im Frühjahr 1882 machte ihn derart unruhig, daß er eine Krankheit vortäuschte und sie zur vorzeitigen Heimkehr nötigte. Das lockere Theaterleben machte ihn rasend eifersüchtig; angeblich hat sie ihm Jahre später einen Seitensprung gebeichtet.[103] Er steigerte sich in Widerwillen gegen *diese Gesellschaft verkrachter Existenzen* hinein, die *unerträgliche Banalitäten aus dem Komödiantenjargon herbeten.*[104] Doch gleich nach dem Abschluß des *Neuen Reiches* schrieb er wieder ein Stück für Siri. Am 25. November 1882 spielte sie die Frau Margit in *Ritter Bengts Gattin* (*Herr Bengts hustru*) im Nya Teatern. Strindberg hatte ihre Teilnahme zur vertraglichen Bedingung gemacht.

Ritter Bengts Gattin ist Strindbergs erstes Ehedrama. Zwar hat er die Handlung in die Reformationszeit gelegt, aber im historischen Dekor treten moderne Personen auf, uns verwandte Seelen; es gibt bei Strindberg keinen Historismus des Gefühls. Schon das Vorspiel mischt Züge eines mittelalterlichen Legendenspiels mit Symbolismus und zeitgenössischer Psychologie. Die Kirche (= die Konvention) hat die Frau unterdrückt; die Uhr (= die Zeit) ist stehengeblieben. Doch hat die Unterwerfung nicht nur den Freiheitstrieb geweckt, sondern auch masochistische Lust an Unterwerfung und Hingabe; die Knebelung der Natur hat bei der Frau auch Perversion und Unnatur hervorgerufen.

Die adlige Nonne Margit heiratet den Landedelmann Bengt, als die Klöster geschlossen werden. Ihre Ehe plant sie als Verbindung selbständiger Wesen: *Laß mich niemals deine Hausfrau und Sklavin werden, und werde du niemals mein Hausherr und Mann. Mein Ritter und Geliebter, dein Wohl!*[105] Die Wirklichkeit hält der idealen Vorstellung nicht stand. Seine Steuerschulden verheimlicht Bengt ihr, um sie nicht mit seinen Sorgen zu belasten. Die Arbeit entfremdet ihn von Margit; sie glaubt sich vernachlässigt, mengt sich in seine Maßnahmen, und die Ernte verdirbt durch ihre Schuld. Als Bengt die Hand gegen sie erhebt, trennt sie sich von ihm. Doch während er als Bankrotteur verwahrlost, baut Margit die Gutswirtschaft wieder auf. Er hat sie unterschätzt: ... *ich glaubte, Ihr seid ein schöner Vogel im Bauer, der nur schön sein sollte und weiter nichts*[106], und Margit besiegelt die Scheidung, weil er sie liebe *wie eine von deinen Habenschaften.* Doch als der königliche Vogt, den sie für einen Freund und Beistand hält, Margit zur Geliebten machen will, verzweifelt sie an ihrer Selbständigkeit. Sie will sich umbringen, doch siegen am Ende ihr Lebenswille und die Sorge um das Kind. Bengt und Margit beginnen neu.

Mit *Ritter Bengts Gattin* setzt jener Kampf ein, mit dem man Strindberg so gerne identifiziert, sein Kampf gegen *die große Farce, die man Frauenfrage nennt*. Sie sei zum Durchbruch gekommen *dank einem Theaterstück, das von diesem berühmten norwegischen Blaustrumpf männlichen Geschlechts verfertigt worden ist*.[107] Henrik Ibsens Schauspiel «Ein Puppenheim» («Nora»), in dem eine junge Ehefrau ihren Mann verläßt, hatte nach der Uraufführung 1879 sofort große Aufmerksamkeit erregt – auch in Stockholm. Strindberg hielt sich von dem Wirbel um «Nora» fern; denn *er fürchtete starke literarische Eindrücke*. So *las er das Puppenheim erst zwei Jahre später* – eben, als er *Ritter Bengts Gattin* vorbereitete – und sah in der Heldin eine Frau, *die für die gewissenlose Handhabung ihrer häuslichen Pflichten gezüchtigt werden müßte. Doch alle jungen Herren heulten über Noras trauriges Lebensschicksal*.[108]

Auf Ibsens «Brand» hatte Strindberg mit *Meister Olof* geantwortet, auf «Peer Gynt» mit *Glückspeters Reise* (*Lycko-Pers resa*, 1882), dem Märchen von einem Jungen, der sich alle Wünsche mit einem Zauberring erfüllen kann, der Reichtum, Ansehen als Reformator und Macht gewinnt, aber glücklich erst wird, nachdem er der Eitelkeit und dem falschen Kampf gegen die Natur entsagt und Liebe findet. In diesem Stück ist die für einige der späteren Meisterdramen kennzeichnende Stationen-Technik, die formale Übersetzung der Lebens-Wanderschaft, bereits entwickelt.

Nun pariert er «Ein Puppenheim» mit *Ritter Bengts Gattin*, und er begreift das Siri zugeeignete Stück durchaus als Huldigung an die Frau – wenn auch von anderer Warte aus als noch zu Beginn seiner Ehe, die auf einem Ehe-Vertrag basierte. Die Geburt der Töchter hat Strindberg zu einer merklichen Korrektur seiner Einstellung zu Ehe und Familie veranlaßt. In der Novelle *Reformversuch* (*Reformförsök*, 1884) beschreibt er eine ideale «moderne» Ehe durch starke geistig-seelische Bindungen, körperliche Anziehung, Interessennähe, Kameradschaft, Solidarität und Selbständigkeit der Partner, die beide berufstätig sind, aus ihren Verdiensten eine gemeinsame Kasse anlegen, die Hausarbeit teilen und über eigene Schlafräume verfügen – ein Punkt, der Strindberg besonders am Herzen liegt. Diese Konstruktion funktioniere blendend, solange kein Kind die Frau an der Ausübung ihres Berufs hindere. Er fordert nun, die Umstellung anzuerkennen, denn jenseits aller Reformversuche bestimme die Fortpflanzung, die Erneuerung des eigenen Lebens in den Kindern, die Geschlechtergemeinschaft und gebe auch der bürgerlichen Ehe ihren «natürlichen» Sinn. Die Frau mache sich nicht zur Sklavin, wenn sie Kinder aufziehe: *Sie ist die Mutter, und darum ist sie auch die Herrin der Welt. Und die Freiheit, die sie jetzt verlangt, das ist dieselbe Freiheit, die alle Männer verlangen*.[109] Im Kampf um die Freiheit, in der Umgestaltung des sozialen Lebens sieht Strindberg Frauen und Männer noch gemeinsam am Werk, *nicht als Feinde, denn als Feinde erreichen wir nichts*[110]. Da seine von Rousseau und Max Nordau beeinflußte Gesellschaftskritik weitgehend nur Kulturkritik ist, sieht er in der Verselbständigung der Frauenfrage nur eine Dekadenzerscheinung, eine durch Verzärtelung entstandende Zivilisationskrankheit. Sie betreffe einzig und allein die *Kulturfrau, vielleicht 10 % der Bevölkerung*; sie sei folglich eine *Cliquenfrage: Die Frau eines Bauern kann ihn nicht um seine freie Stellung beneiden, denn es ist nicht ehrenvoller im Dunghaufen zu rühren als im Kochtopf, nicht ehrenvoller, Stuten zu zähmen als Kinder aufzuziehen.*[111]

Sich selbst verstand der Autor des *Neuen Reiches* als einen *Herkules im Augiasstall*, an dem die Ochsen sich rächen, weil er ihren Schmutz beseitigt hat[112], oder – im Gedicht – als Gegengott Loke: *Loke nur verriet Verräter!*[113] Von einer Retourkutsche gegen die Kritiker mittels einer Broschüre, die *Das alte Reich* heißen sollte, ließ er wieder ab und vergrub sich statt dessen erneut in die schwedische Kulturgeschichte. Im Herbst 1882 entstand der Novellenkreis der *Schwedischen Schicksale und Abenteuer* (*Svenska öden och äventyr*), die heftweise aufgelegt wurden. Hier wird der brodelnde Streit zwischen Reaktion und Fortschritt wieder an die Schwelle zwischen Mittelalter und Neuzeit zurückverlegt; die Kirchenreform der Vasa-Zeit wird zum Parameter für die moralische Umwälzung, die Strindberg von der Zukunft forderte. Er schildert Konflikte in Umbruchszeiten, Menschen, die zwischen den Mühlsteinen der Epochen zerrieben werden wie der anämische, den neuen Zeitumständen nicht gewachsene Adlige der Erzählung *Veredelte Frucht* (*Odlad frukt*). In *Höhere Zwecke* (*Högre ändamål*) siegt das menschliche Gefühl eines Priesters, der das Zölibat bricht, über die Heuchelei der Kirche. Ein Lieblingsthema sind Freund- und Feindschaften unterschiedlicher Gegenspieler, wie zwischen dem malenden Klosterbruder Botvid und dem Renaissancekünstler Giacomo in *Entwicklung* (*Utveckling*). Hier stellt der traditionsverhaftete, staunende, ungelenke Schüler den attraktiven, weltläufigen, doch auch unzuverlässigen und abergläubischen Meister am Ende in den Schatten: *Botvid war aus jugendlichen Irrtümern geweckt worden, hatte über das Neue gejubelt und das Alte niedergerissen; und dann kam das Alte wieder, aber es befriedigte nicht mehr, der Weihrauch duftete nicht wie in der Jugend ... Sein Friede war aus, denn seine Seele war in zwei gespalten, welche in ewiger Fehde lagen; er war der Sohn von zwei Zeiträumen, und das gab ihm zwei Gesichtspunkte für die Dinge, den des Mönchs und den des Satyrn: er konnte noch von etwas Schönem, Großen, Guten hingerissen werden, aber dann kam sofort das Lächeln des Zweifels und löste alles auf.*[114]

Diese Novellensammlung war noch nicht abgeschlossen, auch der Gedichtzyklus *Schlafwandlernächte* (*Sömngångarnätter på vakna dagar*, 1883) war noch im Entstehen begriffen, als Strindberg am 12. September 1883 mit Siri, den Kindern und der Haushälterin Eva Carlsson den Zug bestieg, um Schweden in Richtung Frankreich zu verlassen. Schon ein

Jahr früher war er offiziell aus dem Bibliotheksdienst ausgeschieden und lebte von seinen Einkünften als freier Schriftsteller. Im Sommer 1883 war Karl Otto Bonnier, der Junior des renommierten schwedischen Verlagshauses, zu ihm nach Kymmendö gekommen, um ihn als Autor zu gewinnen – und diese Sicherheit wird Strindberg in dem Wunsch bestärkt haben, der feindseligen Heimat eine Weile den Rücken zu kehren.

Für Siri bedeutete das Ausland den Abbruch ihrer Theaterkarriere, die sie keineswegs aufgeben wollte; in der Schweiz versuchte sie vergeblich ein Comeback als Sängerin, trat bei Hauskonzerten auf und malträtierte August mit Gesangsübungen.[115] Doch war *ihre Karriere beendet*. Zwar hatte ihr der Auftritt in *Ritter Bengts Gattin* eine weitere Rolle am Nya Teatern beschert, doch war das – *ein totales Fiasko*, wie Strindberg später schreibt – ihre letzte. Sie sei danach vergeblich *von Theater zu Theater* gelaufen und habe ihn nötigen wollen, mit ihr nach Finnland zu gehen und *mein Land, meine Freunde, meine Verleger* zu verlassen.[116] Jetzt wird das Land – allerdings seinetwegen – aufgegeben, und Siri reist wohl oder übel mit.

Doch noch ist Strindbergs Ehe keine strindbergische Ehe. Zwar gab es immer wieder Streit um verschwenderische Ausgaben und unzuverlässige Dienstboten, um Siris Hund, den Strindberg wie alle Hunde verabscheute, um ihr Gebaren in der Öffentlichkeit und ihren Alkoholkonsum[117], zwar hat Siri längst gelernt, Strindberg zu provozieren und auf ihrer Freiheit zu beharren, zwar findet sie das Skandalklima, das er heraufbeschworen hat, widerwärtig und lehnt seine Ansichten über die Frauenbewegung ab, doch scheint das Paar in aller Eintracht am Reiseziel angekommen zu sein: «... sie gingen so ordentlich Arm in Arm die einförmige französische Landstraße entlang.»[118] So sieht sie Carl Larsson, der sie in Grèz aufnimmt, einem Flecken südlich von Paris, wo sich, inmitten eines Naturparadieses, eine schwedische Künstlerkolonie niedergelassen hatte. In Larssons Erinnerungen stellen sich die ersten Wochen dort als muntere Ferienzeit in unbekümmerter, manchmal skurriler Gesellschaft dar. Im Spätherbst zog Strindberg dann weiter nach Paris, um neue literarische Verbindungen anzuknüpfen. Hier begegnete er auch den norwegischen Dichtern Bjørnstjerne Bjørnson und Jonas Lie, mit denen er sich befreundete. Mit der Landessprache macht er sich so intensiv vertraut, daß er französisch publizieren kann.

Im Januar 1884 läßt sich die Familie in der französischen Schweiz nieder; für einige Monate ist Ouchy in der Nähe von Lausanne ihr Wohnsitz. Einen Ausflug nach Italien, wo Strindberg sich indessen nicht heimisch fühlt, macht Siri bereits im achten Monat einer neuen Schwangerschaft mit. Am 3. April wird Hans, der einzige Sohn, geboren. Die Fülle von Briefen, die Strindberg im ersten Halbjahr 1884 schreibt, bekundet den gedanklichen Gärungsprozeß, in dem er sich befindet. Im Juni schließt er den Novellenzyklus *Heiraten* (*Giftas I*) ab, zwölf Ehegeschichten, zwölf formal ganz unterschiedliche Variationen über ein Grundthema: *Ich hatte*

Bjørnstjerne Bjørnson

nämlich vor, eine recht große Anzahl Fälle, gewöhnliche Fälle des Verhältnisses zwischen Mann und Frau zu schildern.[119] Es sind heitere und tragische Begebenheiten, die er bald ernst, bald satirisch porträtiert. Die Moral ist bei aller Verehrung für die Frau und die Mutter stets die gleiche: *daß die jetzige Bemühung der Frauenemanzipation ein Aufstand gegen die Natur ist, der sich strafen wird*[120].

Die erste dieser Geschichten, *Lohn der Tugend* (*Dygdens lön*), erzählt von einem männlichen Leidensweg, der durch falsche Erziehung, moralischen Druck und religiöse Verkrampfung verursacht und aus der eigenen Biographie abgeleitet ist. Die Darstellung der Konfirmation bringt den Stein ins Rollen: *Der erschütternde Akt, durch den die Oberklasse auf Christi Leib und Wort der Unterklasse den Eid abnimmt, daß diese sich nicht darum kümmern werde, was jene tut, blieb lange in ihm haften. Der unverschämte Betrug, der mit Högstedts Piccadon zu 75 Öre die Kanne und Lettströms Maisoblaten zu einer Krone das Pfund getrieben wurde, die vom Priester für Fleisch und Blut des vor mehr als 1800 Jahren hingerichteten Volksaufwieglers Jesus von Nazareth ausgegeben werden, kam ihm nicht zu Bewußtsein...*[121]

Am 27. September 1884 bringt Bonnier das Buch heraus; bereits am 3. Oktober wird es im Verlag beschlagnahmt. Gegen Strindberg wird Anklage wegen «Gotteslästerung und Verspottung der Heiligen Schrift und

«Ich komme heim». Strindberg trifft zum «Heiraten»-Prozeß in Stockholm ein, 1884. Aus der Zeitung «Fäderneslandet»

der Sakramente» erhoben – eine sogar im bigotten Schweden der Zeit verwunderliche Aufwallung des religiösen Konservatismus. Überzeugt, daß Königin Sofia, Oscars Gattin, die Klage veranlaßt habe, nannte der Dichter *den ganzen berüchtigten Religionsprozeß... eine von Frauen schlecht geschriebene Komödie*[122].

Zunächst weigerte er sich, den Schutz des Gastlandes zu verlassen und vor Gericht zu erscheinen. Von Bjørnson, der ihm riet, sich zu stellen, fühlte er sich bevormundet. Doch im Oktober holt ihn Karl Otto Bonnier, der als Verleger im Falle von Strindbergs Fernbleiben belangt worden wäre, aus Genf ab. Scheinbar gelassen, doch innerlich gespannt und nervös folgt Strindberg ihm nach Stockholm. Er wird in Schweden mit Kundgebungen empfangen; bei einer Festaufführung von *Glückspeters Reise* im Nya Teatern bringt das Publikum ihm Ovationen dar. *Die Arrestreise* (*Kvarstadsresan*, 1884), wie Strindberg sie nannte, wird zum Triumphzug. Arbeiterorganisationen schicken Huldigungstelegramme, sogar Akademiker aus Uppsala treten für ihn ein, auch Bjørnson läßt seine Stimme vernehmen. Das Gericht bricht der Pogromstimmung die Spitze: Am 17. November wird Strindberg nach langer Beratung freigesprochen. Tags darauf fährt er zurück in die Schweiz, wo Siri krank zurückgeblieben ist.

Der Märtyrer blieb ungeschoren, und seine schwedischen Bewunderer verloren bald das Interesse an ihm.

Utopie und Wirklichkeit

In die Schweiz reist Strindberg *heim – heim von Schweden fort*[123]. *Schwedische Zeitungen lese ich seit neun Monaten nicht mehr*, heißt es in einem der fingierten *Arrestreise*-Briefe, der bereits auf Juni 1884 datiert ist. *Schweden gehört nicht zu Europa: es ist ein Annex, eine Kolonie, und alle seine Entwicklungsprodukte sind Importartikel. Das Vaterland ist verschmerzt... Ich glaube, ich sehe das Land nicht wieder.*[124] Doch wenn er auch kein Patriot mehr war, verdrängen konnte er seine Herkunft nicht. Spätestens der zweite Ausflug nach Italien, den er im Februar 1885 mit dem Dichter Verner von Heidenstam unternahm, belehrte ihn darüber: *Rief nur Heimweh hervor nach Schweden – nach dem Land, nicht nach den Leuten.*[125]

Strindberg gewöhnte sich jedoch daran, *sich als Europäer zu betrachten*[126], und schwärmte von einem *großen europäischen Staatsbund*[127] – wie der von ihm bewunderte utopische Sozialist Nils Herman Quiding, von dem er auch seine Begriffe von *Oberklasse* und *Unterklasse* übernommen hatte.[128] *Gegenwärtig haben wir*, schrieb Strindberg in dem Artikel *Wollen die Völker den Krieg?*, *in Europa einen großen kaiserlich-königlichen Friedensbund (eine Allianz) zwischen Rußland, Deutschland, Österreich, Italien und, wie behauptet wird, Skandinavien. Warum gehen denn nicht diese hochgestellten Friedensfreunde einen Schritt weiter und laden England, Frankreich und Spanien mit ein – da wäre ja der große Friedensgedanke verwirklicht?*[129] Den Gedanken der europäischen Einheit konzipiert er als *Manifest der französischen Arbeiter* an die deutschen und verlegt ihn in die Kriegszeit von 1870. Pazifistisch ist auch die Tendenz der im Frühjahr 1884 verfaßten Novelle *Gewissensqual (Samvetskval)*[130], in der ein deutscher Offizier nach der Hinrichtung von gefangenen Franktireuren den Verstand verliert. Im Sanatorium gesundet er allmählich und läßt sich danach in der Schweiz nieder. Den Mehrvölkerstaat der Schweiz sah Strindberg als Vorbild für ein befriedetes Europa; er lobte sie außerdem als *Idealstaat, in dem die Großstadt nicht existiert*[131]. Für ihn ist nur in einem agrarischen Land die Möglichkeit zu einer glücklichen Gemeinschaft gegeben; Industrialisierung und technischen Fortschritt begreift er als Ursache fortgesetzten Elends und gibt zu bedenken, *daß der Nutzen, den die Dampfmaschine mit sich bringt, aufgewogen wird durch den un-*

abwendbaren Ruin, den sie dem großen Haushalt der Natur zugefügt hat[132].

Ein Bild des verlorenen goldenen Zeitalters hat Strindberg in der Utopie-Satire *Die Insel der Glückseligen* (*De lycksaliges ö*, 1883) entworfen: Eine Gesellschaft Schiffbrüchiger rettet sich auf ein Eiland, in dessen mildem Klima alles wächst, was die Menschen zum Leben benötigen, nicht weniger, nicht mehr. Sie leben ohne Gesetz und Religion in völliger Eintracht, bis ein Vulkanausbruch sie zwingt, sich ein anderes, klimatisch weniger günstiges Reich zu suchen. Dort stellen sich, wie im Zeitraffer, die Übel der Kulturgeschichte wieder ein: Privilegien, Arbeitsteilung, Teilung in Stämme, Tauschwirtschaft, Bewaffnung, Eigentumsrecht, Steuern, Klassen. Da Strindberg sich mittlerweile zum *Atheismus* bekennt, rechnet er auch die Religion dazu. Mit übermütigem Spott demonstriert er an seinen Versuchsinsulanern, wie *der Kretinismus* seiner Gegenwart *allmählich zu einem ebenso angeborenen Übel wurde wie die körperlichen Gebrechen*[133]. Doch das novellistische Kabarett ist zugleich ernst gemeinte Gesellschaftskritik, so, wie er sie in den Aufsätzen des Bandes *Gleich und ungleich* (1884) übt, in *Über das allgemeine Mißvergnügen* oder *Kleiner Katechismus für die Unterklasse* (*Likt och olikt; Om de allänna misshöjet; Lilla katekes för Underklassen*). Im *Katechismus* nennt er die Gesellschaft eine *Form des Zusammenlebens, die sich unter der Einwirkung der Oberschicht zu dem Zweck entwickelt hat, die niederen Stände nicht emporkommen zu lassen* – mit Hilfe von Gewalt oder Lügen: *Religion, Politik, Gesetzgebung, Wissenschaft, Kunst und Moral.*[134] Eine geglückte Revolution ist für ihn *rechtmäßig*[135]. Die *niederen Stände* sind für Strindberg *die Ernährer, die Beherrschten*, und er meint damit weniger die Arbeiter als die Bauern. Obwohl er sich 1885 unbedingt als Sozialist begreift, hält er *den unterdrückten Arbeiter* für eine ebensolche fixe Idee wie *die unterjochte Frau.*[136] Zwar erscheint ihm der Klassenkampf des Proletariats ganz natürlich, da jede *Unterklasse* dränge, *Oberklasse* zu werden, doch nimmt er an, es werde sich zur neuen Bourgeoisie entwickeln und keinen Zustand schaffen, in dem alle Klassen ihr Glück finden können – den Gedanken einer gesellschaftlichen Umgestaltung zur Beförderung des größtmöglichen Glücks aller fand er bei John Stuart Mill. Überhaupt orientierte er sich vorwiegend an den *älteren Sozialisten*[137], an Jean-Jacques Rousseau, Étienne Cabet, Claude-Henri Saint-Simon, Charles Fourier und Louis Blanc. Auch die Bücher von August Bebel, Ferdinand Lassalle und Karl Marx lieh er sich in der Schweiz aus, mißtraute aber der Einseitigkeit des *Industriesozialismus*[138]. An Marx mißfiel ihm neben der angeblichen Überschätzung der Arbeiterbewegung, daß er *Philosoph, und, was schlimmer war, Deutscher, Idealist, und Hegelianer war*[139]. In der marxistischen Theorie der Entwicklungsgesetze des Kapitals und der bürgerlichen Gesellschaft vermochte er nichts weiter zu erkennen als einen milieugeschädigten Regio-

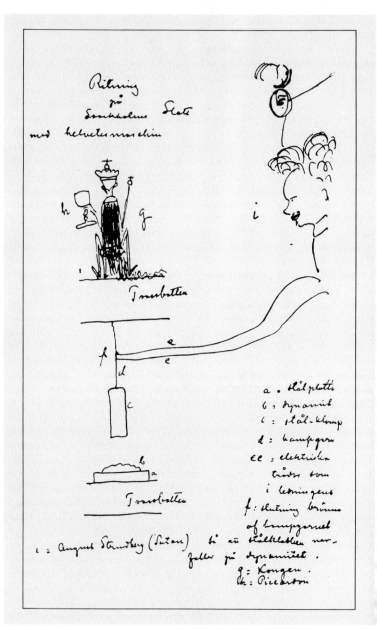

Plan eines Attentats auf den König. Karikatur in einem Brief an Jonas Lie vom 2. Dezember 1884

nalismus. Bebels Sozialismus war für ihn *Lokalpatriotismus*[140], den der Arbeiterführer des Industriegebiets in der idyllischen Schweiz rasch kurieren könne. Strindberg selbst stammt aus einem spät und unvollkommen kapitalisierten Land und erklärt vielleicht deshalb lieber ein ländliches *Arkadien*[141] zum Zentrum der Erde und zum Wirkungsfeld seines *Agrarsozialismus*[142]. Ergiebiger als theoretische Systeme, die er als *Ausdruck des Ordnungstriebes des subjektiven Geistes*[143] begriff, erschienen ihm sozialistische Modellversuche, wie er sie in der Pariser Commune bewundert und bei Nikolaj G. Tschernyschewskij, dem bedeutenden russischen Materialisten und Literaten, gefunden hatte. Als verwirklichtes sozialistisches Kollektiv galt auch die Eisenwarenfabrik von Jean-Baptiste André Godin-Lamaire, die «Familistère» in Guise. Bevor er sie mit Siri persönlich in Augenschein nahm, hatte er sie als Ziel aller Wünsche in seiner Novelle *Die Studentin, oder Neubau* (*Nybyggnad*, 1885) dargestellt: Eine junge Medizinerin, die den Irrweg der Frauenemanzipation gegangen war und auf Weiblichkeit, Ehe und Liebe verzichtet hatte, findet im Kollektiv von Guise eine geeignete Daseinsmöglichkeit und gewinnt ihren Freund zurück. Strindbergs Begeisterung für Kollektivierung als Voraussetzung für humane Lebensformen legte sich nach dem Besuch der genossenschaftlichen Werkstätten, in denen er die Arbeiter für sinnlose Produkte schuften und die Frauen, durch Dampfküche und Kinderhaus von ihren Pflichten befreit, müßiggehen und schmarotzen sah. Nein, eine wirkliche Befreiung von Eigentum, Ehe, Kirche und bürgerlichem Gesetzbuch hatte seiner Ansicht nach dort nicht stattgefunden.

Unberührt davon blieb seine Überzeugung, daß das Landleben der Verelendung der Städte vorzuziehen sei. Im Mai 1885 war Strindberg in Paris auf Leo Tolstojs «Beichte» gestoßen, und er fühlte sich durch Sätze wie «Keine Städte, keine Industrie, keine Warenhäuser. Alle sollen auf dem Feld leben, im Walde, auf der See die Sonne genießen, mäßig essen und gut schlafen, glücklich leben und zufrieden sterben» im Innersten bestätigt: *Also, wieder ein Aufschrei gegen die Kultur, wie er seit Jesus von den Aposteln Savonarola, Jean-Jacques Rousseau, Lord Byron ausgestoßen wurde.*[144] Und er macht sich auf, zum Beweis das Leben der französischen Bauern zu untersuchen. Er beginnt mit einer Reihe von Schilderungen aus der Umgebung von Grèz, wo er seit Juli 1885 wieder einmal wohnte; und für den zweiten Teil (*Unter französischen Bauern, Bland franska bönder*) begibt er sich im August 1886 mit dem jungen Soziologen Gustaf Steffen auf eine Reportage- und Fotoreise per Eisenbahn durch Frankreichs Provinzen. Schon nach zwei Wochen entlarvt Strindberg seinen Begleiter angeblich als *Dieb und Schwindler*[145] und jagt ihn davon. Ein Reflex dieser merkwürdigen Affäre ist die Erzählung *Der Kampf der Gehirne* (*Hjärnornas kamp*, 1887).

Der Meister aber fuhr auch mit verpfuschten Fotos befriedigt zurück nach Weggis – ab Mai 1886 war er wieder in der Schweiz, im Aargau und am Vierwaldstätter See zu Hause – und formulierte seine *Autopsien und Interviews* als Belege für den Satz: *Also die Zukunft gehört dem Bauern!* – obwohl er *die bedrückte Stellung des französischen Bauern und des französischen Ackerbaus* [146] durchaus registriert hatte. Er beruhigt sich mit der Erklärung, daß Frankreich ein Manufakturenland sei, und läßt sich nicht davon abbringen, daß die bäuerliche Parzellenwirtschaft dem *großen Landwirtschaftsbetrieb* überlegen sei, *kapitalistische Sklaverei* verhindere [147] und *einen vernünftigen Rückschritt für den Kulturmenschen* ermögliche. [148]

Nicht nur durch seine Ansichten in der Frauenfrage, auch mit seiner Kulturflucht wurde Strindberg seinen schwedischen Freunden unheimlich. Der Wortführer des «Jungen Schweden», Gustaf af Geijerstam, hatte ihn während des Stockholmer Prozesses noch wie ein Privatsekretär umsorgt; nun distanzierte er sich von ihm in seiner Zeitschrift «1885. Revue für literarische und soziale Fragen». Ähnlich erging es Strindberg mit Hjalmar Branting, dem nachmaligen Führer der sozialdemokratischen Partei. Besonders die Fortsetzung seiner Ehegeschichten *Heiraten* (*Giftas II*, 1885) wurde ihm übelgenommen, denn die Balance ist dort eindeutig zugunsten der von den Frauen ausgebeuteten Männer verschoben; in der Schlußnovelle *Der Familienversorger* (*Familjeförsörjaren*) zeichnet Strindberg unverkennbar das ruinöse Bild der eigenen Ehe, deren Elend er Siri anlastet. Tochter Karin – damals fünf Jahre alt – sah später in dieser für Siri empörenden Indiskretion den wahren Grund der Entfremdung: «Der zweite Band *Heiraten* wurde zum unheilbaren Krebsschaden im häuslichen Leben der beiden.» [149]

Das gemeinsame Leben verfinsterte sich auch durch die enge Beziehung Siris zu der Dänin Marie David. Strindberg warf beiden lesbische Neigungen vor, die sie öffentlich zur Schau stellten. Auch finanzielle Sorgen hielten Einzug. Die Bonniers wollten *Heiraten I* nur noch ohne die verteufelte Abendmahlsgeschichte edieren und lehnten die *Arrestreise* ab, weil sie unter Strindbergs Niveau sei. Auf *Heiraten II* erhielt er von seinem Hausverlag zwar 4000 Francs Vorschuß, hatte für neue Arbeiten aber keinerlei Sicherheiten. Der Verkauf in Schweden ebbte ab; viele Buchhändler boykottierten seine Ausgaben. Von der Novellensammlung *Utopien in der Wirklichkeit* [150] wurden bis 1900 nur 3000 Exemplare verkauft. 1885 war ein privat belastetes und ziemlich unproduktives Jahr gewesen; 1886 ist das Jahr der Krise, der Rechenschaft, der Entscheidung.

Strindberg hatte sein Schreiben mittlerweile ganz in den Dienst gesellschaftlicher Erneuerung gestellt; Literatur und Kunst hielt er für Lügengespinste – *Da die schönen Künste sehr zu Unrecht als die Blüte der Kultur gelten, gibt es nichts, das so sehr überschätzt wäre wie sie.* [151] Auf das Drängen Albert Bonniers, wieder ein Drama zu verfassen, antwortete er: *Ich hasse Stücke* [152], und auf Jonas Lies Vorhaltung, er verschwende sein Talent, reagierte er achselzuckend. Wo nicht Utopie und satirische Bloßstel-

64

lung Thema waren, beschränkte Strindberg sich auf ein perspektivisches Dokumentieren, auf Reportagen und die Aufzeichnung sozialer und psychologischer Faktoren. Schon in *Heiraten* versuchte er das Problem, Wirklichkeit in ihrer Struktur wiederzugeben, durch serielles Verfahren und wechselnde Optik zu lösen. Literatur ist nur Mittel; das poetische Instrumentarium wird zur Farbenpalette bei Milieubild und Sittenschilderung abgewertet.

Die Methode verständnisvoller Sachlichkeit und wirklichkeitsbesessenen Enthüllungseifers wendet Strindberg nun auch auf die eigene Person an – in dem breit angelegten autobiographischen Roman *Der Sohn der Magd* (*Tjänstekvinnans son*), dessen vier Teile (*Sohn der Magd, Die Zeit der Gärung, Im roten Zimmer* und *Der Schriftsteller*) er zwischen März und Dezember 1886 niederschreibt. Strindberg objektiviert sein Ich zur «dritten Person»; er schildert die als zeittypisch begriffene Lebensgeschichte eines Jungen namens *Johan* und entwirft mit ihr ein seelen- und kulturgeschichtliches Panorama seit der Zeit seiner Geburt – allein dem Umfang nach ein ungeheures Unternehmen. Der letzte Teil mündet in die unmittelbare Gegenwart, bei Gesprächen mit Verner von Heidenstam auf Schloß Brunegg im Aargau. Der Dialog des Schlußkapitels markiert zugleich einen Wendepunkt seines an Wendungen reichen Lebens, die aristokratisch-egoistische Abkehr vom Sozialismus.

Kampf der Gehirne

Habe in der letzten Zeit zuviel gelesen: Moral, Psychiatrie, Soziologie, Ökonomie, weshalb mein Kopf jetzt ein einziger Brei ist, heißt es in einem Brief vom April 1886. *Ich betrachte mich und mein Talent als tot und schreibe jetzt die Geschichte meines Lebens in einer sonderbaren Romanform (Geheim!). Ich glaube mich hierdurch erforschen und den Schlüssel zu meiner Tonleiter entdecken zu können.* [153] Mit der Niederschrift überwand Strindberg den Nullpunkt; die Erforschung der Seelenentwicklung führte ihn nicht nur in die Vergangenheit zurück, sondern wurde auch Beginn einer neuen Reise – Vorurteile und überholte Ideale waren auf der Strecke geblieben. Auch die Freiheit des Künstlers erlangte er wieder: *Anschließend packe ich alle Bücher ein und kehre zur schönen Literatur zurück, die mich wieder reizt.* [154]

Aufgegeben ist die naive Naturverehrung, fallengelassen der Grundsatz *entweder Sozialismus oder keine Freiheit* [155]. Er weicht der Auffassung, daß Besitz nicht Diebstahl sein müsse, daß in der Macht auch das Recht zu ihr begründet sei, daß des Unternehmers Vorteil gerechtfertigt sei. Seine autobiographische Abrechnung empfand Strindberg auch als Überwindung der *Sklavennatur*, des religiösen und des *Unterklassen*denkens und der schwächlichen Haltung Frauen gegenüber. Er trumpfte damit auf, *daß ich mich emanzipiert, das heißt, auf meine männliche Würde geachtet habe* [156].

Gleichzeitig mit dem vierten Teil von *Der Sohn der Magd* beginnt er im August 1886 mit der Arbeit an dem Gegenwartsstück *Marodeure*, das er im November abschließt; mit der plündernden Nachhut sind die Frauen gemeint, die ihre Selbständigkeit auf Kosten der Männer erreichen. Bonnier druckt nur eine Handausgabe in zehn Exemplaren; auch die Theater wollen nichts von der *besten schwedischen Komödie, die je geschrieben worden ist* [157], wissen, und so arbeitet Strindberg den Fünfakter im Frühjahr 1887 zur vieraktigen Komödie *Die Kameraden* (*Kamraterna*) um. Mit den Worten *Kameraden wünsche ich mir im Café, aber zu Hause will ich meine Frau haben!* [158] jagt der Maler Axel seine Frau Bertha aus dem Haus; denn sie hatte versucht, sich zu seinem Nachteil selber als Künstlerin durchzusetzen. Einen versöhnlichen Schluß verwarf Strindberg wieder, nicht nur, weil neue Gewitter in seiner eigenen Ehe aufzogen, sondern eher deshalb, weil er damit den Versuchscharakter seines Dramas aufgehoben hätte.

Aufs Drama übertrug Strindberg nämlich nicht nur sein Thema, die bürgerliche Ehe, sondern auch die «wissenschaftliche» und experimentelle Methode, die ihn bei seiner Selbstanalyse geleitet hatte. Émile Zolas Essay «Der Naturalismus auf dem Theater» und sein Stück «Thérèse Raquin» haben dazu beigetragen, daß Strindberg die Bühne wieder als geeignetes Forum in Betracht zog; bis dahin blieben dramatische Pläne (*Die Sklavinnen, Der Zweikampf*) unausgeführt liegen. Vor dem kalten Auge des Naturalisten wird auch das dramatische Ensemble zum Modell einer Versuchsanordnung; die Figuren erscheinen dann als Bündel sozialer und psychischer Merkmale. An ihnen wird ein in der Gegenwart angelegter Konflikt in aller Konsequenz durchgespielt, bis bestehende Regeln und trügerische Ordnungen als schädlich erkennbar sind – das Theaterstück ist zugleich theoretisches Experiment. In der Komödie gegen die «Kameradschaftsehe» ist das Ergebnis dieses Versuchs, daß die «moderne» Ehe vom Mann überwunden werden muß, wenn er nicht an ihr zugrunde gehen will – diese Konsequenz hat der Fall in der Tragödie, im Trauerspiel *Der Vater* (*Fadren*, 1887). Die Ehe wird nurmehr als Machtkampf geschildert.

Die Mittel dieses Kampfs sind subtiler Art; die klassischen dramatischen Konflikte werden ersetzt durch *moderne Seelenmorde und psychische Selbstmorde.* Der *Kampf um die Macht* habe *sich aus einem ehemals rein körperlichen (Gefängnis, Folter, Tod) allmählich zu einem eher psychischen entwickelt, der deshalb aber nicht weniger grausam ist*[159]. Der *Kampf der Gehirne*, den Strindberg in seiner Aufsatz- und Novellenreihe *Vivisektionen* darstellt, die seelische Beeinflussung oder Unterwerfung einer Person durch eine andere, die *unbewußten Pläne, der legale Mord* faszinieren ihn. Mit der Möglichkeit von Suggestion und Hypnose hatte er sich durch die Lektüre von Hippolyte Bernheim, dem Kopf der psychotherapeutischen Schule von Nancy, vertraut gemacht; seine psychologischen und psychiatrischen Kenntnisse beruhten auf den Schriften von Jean-Martin Charcot, Cesare Lombroso und anderen. Nun wird bei ihm der Dialog zur Arena psychologischer Auseinandersetzung. Unter der Oberfläche einer nicht mehr gelingenden Verständigung werden die Bande der Erziehung gesprengt, die *unter stärkeren Leidenschaften wie ein loses Kleidungsstück abfallen kann*[160]. Für die Dramaturgie bevorzugt Strindberg jetzt die bündige Form der drei Einheiten Ort, Zeit, Handlung, die in ihrem engen Gefüge größtmöglichen Spannungsaufbau, kräftigste Energieentladung verspricht.

Laura (in *Der Vater*) läßt ihren Mann an seiner Vaterschaft zweifeln, weckt seinen Argwohn und treibt ihn schließlich in Wahnsinn und Tod. Um einleuchtend zu machen, daß gerade der Beste dem Seelenkampf schutzlos erliegen kann, stattet Strindberg seinen Protagonisten mit idea-

Szenenbild aus «Der Vater» mit Maria Wimmer und Fritz Kortner. Kammerspiele München, 1949

len Zügen aus. Er ist ein *Rittmeister*, ein Bild der Manneszucht[161], das durch ausgesprochen sensible und intellektuelle Züge erweitert wird: Er ist kein Tyrann, sondern ein mitfühlender Familienvater, und er ist ein anerkannter Geologe. Und trotzdem erliegt er dem machthungrigen, halb unbewußt tückischen, halb bewußt bösartigen Verhalten seiner Frau, die einen Arzt beauftragt, seinen Geisteszustand zu beobachten, und ihn entmündigen lassen will. Da sich der schmähliche Verdacht, der Zweifel an seiner Vaterschaft, monoman seines Hirns bemächtigt, wird er tatsächlich gemütskrank und aggressiv. Die alte Amme, in deren Armen er zum Kind regrediert, steckt ihn in die Zwangsjacke – er wird «entmannt» wie Herakles von Omphale, Samson von Dalilah, und er überlebt diese Lähmung seiner virilen Kraft nicht. Im Trauerspiel siegt die Frau: *Ein Mann hat keine Kinder, es sind nur Frauen, die Kinder bekommen, und deshalb kann die Zukunft ihnen gehören. Wir sterben kinderlos!*[162] Émile Zola, dem Strindberg sein Trauerspiel schickte, lobte die Figur der Laura, die «wahrhaft die Frau in ihrem Dünkel, in ihrem Unbewußten und in dem Geheimnis ihrer Fähigkeiten und Fehler» sei, rügte aber die Abstraktheit des «namenlosen Rittmeisters und der anderen Personen, die beinahe Inkarnation der Räson sind»[163]. Gerade in dieser Verallgemeinerung aber, in der psychologischen Verfeinerung des alten Charakter- und Typendramas, weiß Strindberg sich dem französischen Naturalisten überlegen. Gerade die Verwandlung des bürgerlichen Stoffs in eine überhöhte, mythologisch gültige Fabel und Konfiguration hat den *Vater* ins Repertoire des Welttheaters gehoben, nicht die Illusion, man könne «die Figuren mit dem Ellbogen anstoßen», die Zola forderte. Von untergeordneter Bedeutung ist heute auch seine Rolle als Schlüsseldrama.

Strindberg hat sich nie gescheut, lebende Personen in kaum verhüllter Weise abzubilden, und er hat dabei oft grausame Indiskretionen begangen. Doch als Autor, dem es um wissenschaftliche Erkundung und exakte Darstellung ging, glaubte er deshalb kein schlechtes Gewissen haben zu müssen; sich selbst klammerte er schließlich nicht aus. *Der Sohn der Magd* war eine an Émile Zola und Jules Vallès geschulte exemplarische Seelen- und Entwicklungsanalyse, vorgenommen an der eigenen Person als dem bestvertrauten Beispiel für *Anatomie, Physiologie, Psychologie, Geschichte* [164]. Warum sollte er andere verschonen? Wie ein *Vampir*, schrieb er Heidenstam, müsse *ein Schriftsteller seiner Freunde, seiner Nächsten, sein eigenes Blut aussaugen* [165]. Im *Vater* sind unverkennbar Szenen der eigenen Ehe verarbeitet – sogar der Verdacht Lauras, ihr Mann sei geistesgestört, ist solch ein Motiv. Ende 1886 hatte Siri seinetwegen einen Arzt konsultiert, und Strindberg hatte ihr aufgebracht vorgeworfen, sie wolle ihn ins Irrenhaus sperren.

Nun war ihm die Furcht, wahnsinnig zu werden, nicht fremd; sein Mißtrauen galt nicht nur Siri. Und im *Vater* versuchte er auch die Zweifel sich selbst gegenüber schreibend zu bewältigen. Ob die dort präzis geschilderte Verfestigung eines Gedankens zur Wahnidee die Rationalisierung eines bereits krankhaften Zustands war oder die geglückte Kontrolle eines gefährdeten Zustands, ließ sich auf diesem literarischen Weg freilich nicht ermitteln. Das Drama konnte die Zweifel des Dichters nicht ganz beseitigen, wenn es auch faktisch die Therapie des Schreibenden war. Mit Entsetzen sah Strindberg im November 1887 die Generalprobe in Kopenhagen: *Ich weiß nicht, ob «Der Vater» ein Gedicht ist oder ob mein Leben es war. Aber es scheint mir, als ob mir das in einem gegebenen, bald eintretenden Augenblick klar werden würde, und dann breche ich in Wahnsinn zusammen mit Gewissensqualen oder durch Selbstmord.* [166] Der Eindruck ist trotz der gewohnten Übersteigerung nachvollziehbar.

Auch die Erfahrung des Rittmeisters, daß die Frau, wenn sie nicht die sanfte, stillende, überlegene Mutter sein kann, zur Feindin des Mannes wird, war Strindbergs eigene Empfindung, war neurotische Belastung seiner Ehe. Sobald die Sinne ins Spiel kamen, wurde die als Madonna vergötterte Frau zur unbegreiflichen Gegnerin in einem Kampf um Triumph oder Verderben. Der Rittmeister geht unter, weil er, nach Strindberg, nicht zur richtigen Waffe greift.

Er selbst glaubte, gute Maßnahmen getroffen zu haben: *So lebe ich,* schrieb er im Dezember 1886 aus Gersau an Edvard Brandes, *nach vielen innerhäuslichen Stürmen, mit den Meinen das bezauberndste Familienleben, und das kurioseste ist, daß unsere Liebe blüht wie in der ersten Zeit*

Zwei der «Impressionistenfotografien», entstanden in Gersau 1886: Strindberg mit Karin und Greta. Aufgenommen mit Selbstauslöser

unserer Ehe... Doch zuvor mußte ich mein Haus von allen diesen verdammten modernen Damen – gemeint ist vor allem Marie David – *säubern, die meine Ehe eine Zeitlang unerträglich gemacht haben.* [167] Eine Weile scheint er Siri mit seinem wiedergewonnenen Selbstbewußtsein und mit Autorität beeindruckt zu haben; aber natürlich konnte er ihre Bedürfnisse auf Dauer nicht dadurch unterdrücken, daß er sie im Januar 1887 durch einen Umzug nach Deutschland, nach Issigatsbühl bei Lindau, wo sie sich nicht verständigen konnte, isolierte und an sich band. Das familiäre Einvernehmen, das die gemeinsam arrangierte und aufgenommene Serie der *Impressionistenfotografien* spiegelt, ist trügerisch. Die Bilder zeigen sorgsam, fast angestrengt inszenierte Momente des Lebens mit Strindberg im Zentrum. Sie waren von Fotos des Chemikers Eugène Chevreul im «Journal Illustré» inspiriert; Strindberg bot sie Bonnier vergeblich als Album für den Druck an.

Die Rolle, die er in der Öffentlichkeit spielte, versuchte er vom Familienleben zu trennen. Er bat Siri, *meine Gattin, die Mutter meiner Kinder zu sein und niemals meine Bücher zu lesen* [168]. Wie unhaltbar seine Konstruktion war, wird ersichtlich, wenn er einerseits beteuert: *Nun bin ich von der Frauenfrage besessen und lasse nicht davon ab, weil ich sie bis auf den Grund erforschen und durchexperimentieren muß* [169], andererseits aber behauptet, sein ganzer Frauenhaß sei *komplett theoretisch* [170], er *könnte nicht leben ohne die Gesellschaft einer Frau* [171]. Wenn das für ihn wirklich kein Widerspruch war – für Siri war es eine Zumutung. Auch die finanzielle Lage war belastend und quälte seinen Ehrgeiz, die Familie ausreichend zu versorgen. Durch John Personnes Broschüre «Die Strindberg-Literatur und die Unsittlichkeit unter der Schuljugend» wurde in Schweden der Absatz seiner Schriften erfolgreich weiter torpediert, vom Bonnier-Verlag und den Theaterintendanten fühlte Strindberg sich ohnehin verraten. Die ersten *Vivisektionen* erschienen im Frühjahr 1887 in Wien (in der «Neuen Freien Presse»), und um neue berufliche Kontakte zu knüpfen, reist er im Mai nach Kopenhagen, wo er Texte in der von Edvard Brandes herausgegebenen Zeitschrift «Politiken» unterbringt. Von hier aus unterbreitet er auch dem Schauspieler August Lindberg seinen Plan, ein eigenes Theater zu gründen, und bezieht Siri ein: *Meine Frau muß dabei sein. Sie hat sich in Stockholm als eine große Schauspielerin erwiesen, und wenn ich Rollen für sie (und Dich) schreibe, besteht keine Gefahr!* [172]

Das Projekt bleibt Plan; und die Ehe scheitert. Schon im Sommer 1887, den Strindberg in Gersau und in Genf verbringt, wird die Gemeinschaft, die noch einige Zeit unter verschiedenen Vereinbarungen aufrechterhalten wird, unrettbar zerstört.

Welchen Anteil Siri an der Misere hatte, ist heute schwer zu ermitteln. Das meiste, was wir über sie wissen, stammt aus Strindbergs Feder; und je weniger man von ihr selbst weiß, desto fleckenloser erscheint ihr Bild.

Strindberg und Siri.

Und um so erschreckender wirken seine Beschuldigungen, seine Eifersucht und die Handgreiflichkeit, zu der er sich, zum eigenen Entsetzen – *Ein Sakrileg, ein Mordanschlag, ein Verbrechen wider die Natur, eine Frau zu schlagen, eine Mutter*[173] – hinreißen läßt. Aber ermitteln, die Wahrheit wissen wollte Strindberg, ohne Rücksicht auf Siri, auf sich, auf andere. In einer Serie von Briefen vertraut er sich dem Journalisten Pehr Staaff an und fordert ihn auf, in Schweden Recherchen über ehemalige Seitensprünge Siris anzustellen; Staaff reagiert verhalten auf den Ansturm exhibitionistischer Offenbarungen, die auch die Mitteilung einer im Bordell vorgenommenen Penismessung enthalten.[174] Überzeugt, mit *einem*

Luder verheiratet gewesen zu sein[175], rettet Strindberg sich in Männlichkeit, deren Begierde – wie häufig in zerbrechenden Lebensgemeinschaften – von Siri leidenschaftlicher erwidert wird als zuvor. Für einige Zeit kann er die Ehe in ein *Konkubinat*[176] verwandeln.

Seine Sucht, die Spuren seiner Ehe zu sichern, überträgt er auch in Literatur. Auf französisch verfaßt er die *Verteidigungsrede eines Verrückten* (*Le plaidoyer d'un fou*, 1888).[177] In dem zutiefst subjektiven Drang, Objektivität herzustellen, schreibt Strindberg den Ich-Roman seiner Ehe, in dem – ein *Axel* – er zugleich erzählende und erzählte Person ist, Detektiv und Verdächtiger, Angeklagter und Advokat seiner selbst, um sich und *Maria*, wie Siri hier heißt, dem Richtspruch der Öffentlichkeit zu unterwerfen. Wie ein Kriminalautor drückt er den Ereignissen den Stempel des Authentischen, Dokumentarischen auf und verhüllt, daß seine Rechtfertigung wunschgemäß gesteuert ist: Ehre das Männliche, verabscheue den Unrat, hüte dich vor weiblicher List! Das *Plädoyer* mündet in die bekannten Sätze, in denen er *den Herren Gesetzgebern einschärfen* möchte, die *Konsequenzen zu überdenken*, wenn sie *Halbaffen, niederen Lebewesen, kranken Kindern, die zur Zeit der Menstruation dreizehnmal im Jahr krank und verrückt, während der Schwangerschaft vollkommen wahnsinnig und für den Rest ihres Lebens für ihr Tun nicht verantwortlich sind*, die *vollen Bürgerrechte* zugestehen wollen.[178]

Auf dem Höhepunkt seiner Ehekrise nimmt seine Beurteilung der *Frauenfrage im Licht der Evolutionstheorie*[179] waghalsige sozialdarwinistische und rassistische Züge an, und er macht seinen Geschlechtsgenossen den Vorwurf, ins Matriarchat zurückzufallen und mit der Überschätzung der Frau ihren *permanenten Größenwahn*[180] zu unterstützen.

Auf dem Höhepunkt der Krise läßt Strindberg sich jedoch auch vom Elend der Wirklichkeit in die Phantasie treiben; die Geldnot treibt ihn, etwas Populäres zu schreiben, und das Exil treibt ihn im Geist in die entbehrte Heimatlandschaft. Im Herbst 1887 verfaßt er seinen poetisch dichtesten Roman *Die Hemsöer* (*Hemsöborna*, deutsch auch: *Die Inselbauern*). *Mit dem Tod im Herzen*[181] schreibe er am Bodensee seine *Sommererinnerungen aus unvergeßlichen Tagen in den Stockholmer Schären*[182]. Fern von *irgendeinem modernen Programm*[183] begnügte er sich mit der Lust am Fabulieren und *wählte die holländische Genremalerei als Vorbild*[184] – nicht Vermeers Delikatesse, sondern die deftige Szenenkunst von Pieter Breughel d. Ä., David Teniers d. J. und Frans Hals haben wohl Pate gestanden. Strindberg erzählt in lebensprallen Bildern die Geschichte eines Hallodris, der die heruntergekommene Wirtschaft eines Schärenhofs saniert. Carlsson wächst an seiner Aufgabe, heiratet sogar die Besitzerin, verliert am Ende jedoch alles Eigentum und ertrinkt im Meer; es überlebt der als Landwirt unbrauchbare, dem Inselleben jedoch besser angepaßte Sohn der Alten: Carlsson hat nur den Stall gereinigt und Licht ins Dunkel der abergläubischen Schärenwelt gebracht. Strindbergs

Hans Strindberg. Brevik, 1891

Darstellungskunst entfaltet sich besonders in hinreißenden Beschreibungen einer Natur, die auch den ausgefuchsten Carlsson schließlich verschlingt. Nicht nur durch sein Kolorit und die detaillierte Wiedergabe ländlichen Alltags ist das Buch bemerkenswert, sondern auch durch das elementare Thema, das in solch sinnenfroher Weise abgehandelt wird: Wer siegt im Kampf mit Natur und Gesellschaft, mit seinen Trieben und seinen Widersachern?

Zu Strindbergs Verdruß tilgte Albert Bonnier einige derbe Passagen und sexuelle Szenen; doch mit der großen Verbreitung, die das Buch nach gewissen Anlaufschwierigkeiten fand, konnte er zufrieden sein. Er erwog eine Fortsetzung, fertigte 1889 eine Bühnenfassung an und ließ die Novellenkreise *Aus dem Leben der Schärenleute* (*Skärkarlsliv*, 1888) folgen.[185]

Wer ist der Stärkere?

Es zieht Strindberg nach Skandinavien zurück. Schweden, wo er als Skandalschreiber gilt, als Dramatiker nicht ernst genommen wird und erst mühsam mit den *Hemsöern* wieder Ansehen gewinnt, ist ihm noch versperrt. In Dänemark hingegen hat *Der Vater* beträchtliches Interesse erregt. Edvard Brandes hatte ihn als dramatisches und psychologisches Meisterwerk gelobt, und das Kopenhagener Casinotheater sollte mit diesem Stück eröffnet werden. Der Direktor hatte sich sogar der Mitarbeit des Literaten und Literaturprofessors Georg Brandes versichert, den Strindberg auf den Proben kennenlernt.

Auf die Fahrt nach Dänemark nimmt er diesmal die Familie mit. Bei der Einreise macht er halt in der Klinik von Bidstrup und läßt sich von einem Nervenarzt seine geistige Gesundheit attestieren. Die Angst vor Unzurechnungsfähigkeit sitzt tief; das Verhältnis von Wahn und Wirklichkeit bleibt Thema auch seiner Schriften. Und in immer neuen Verkleidungen läßt er sich selbst und Siri in seinen Werken auftreten; manisch legt er Rechenschaft ab über seine gescheiterte Beziehung. Seine absonderlichen Trennungsversuche und extremen Anschuldigungen belegen gerade, wie stark seine Bindung an Siri und seine Sehnsucht nach einer unkomplizierten Familienidylle waren. In der Öffentlichkeit trat er mit seiner Familie nicht mehr gemeinsam auf, wie der Schriftsteller Axel Lundegård, der den *Vater* ins Dänische übersetzte, erfahren mußte: Ihn interessierte eine hochgewachsene Dame am anderen Ende des leeren Speisesaals, in dem sie saßen, und Strindberg sagte «schwermütig: *Das ist meine ehemalige Frau*. Er sei zwar nicht *rechtskräftig geschieden*, betrachte sie aber nur noch *als meine Mätresse*.»[186]

Siri beendete diesen Zustand. Sie verweigerte sich ihm und legte, soweit sie konnte, Gleichgültigkeit an den Tag. Henrich Cavling, der Herausgeber des «Politiken», wurde von ihr einmal mit der Frage begrüßt: «Sie wollen meinen Mann besuchen? Aber wissen Sie nicht, daß der wahnsinnig ist?»[187] Die Szene ereignete sich auf Schloß Skovlyst bei Holte, wo Strindberg sich im Sommer 1888 eingemietet hatte. Dieser Herrensitz gehörte einer Gräfin von Frankenau und wurde von einem Verwalter namens Ludvig Hansen auf den Hund gebracht. Buchstäblich: die Gräfin war Tiernärrin, und Hunde und Vögel und anderes Getier machten aus dem ohnehin heruntergekommenen Schloß ein unbeschreibliches Schmutzloch, sehr zum Widerwillen Strindbergs, der Reinlichkeitsfanatiker war und Hunde haßte. Eine Weile faszinierte ihn Hansens Neigung zu Zauberei und Taschenspielerkunst; denn er brachte der Magie und dem Okkultismus, dem *Kabbalismus* damals schon ein – wenn auch skeptisches – Interesse entgegen. Bald aber traute er diesem nichtsnutzigen Gaukler jede Untat zu und zeigte ihn sogar wegen eines Diebstahls an, der sich in der Umgebung ereignet hatte. Hansen war unschuldig, wie der Prozeß erwies. Mit einer Fahrt nach Berlin drückte sich Strindberg zunächst vor der Verhandlung, wurde dann aber doch vernommen. Peinlicherweise hatte er nicht nur falschen Verdacht erhoben, sondern auch eine Affäre mit Hansens junger Schwester gehabt. Aus Furcht vor Hansens Rache wechselte er in ein Hotel bei Holte. Siri benutzte den Seitensprung nicht für eine Scheidung, wie Strindberg ihr vorschlug; sie hätte es «schäbig» gefunden, ihn für Dinge zu verklagen, «um die ich mich nicht kümmerte»[188].

Die seltsamen Geschehnisse auf dem heruntergewirtschafteten Hof hat Strindberg in dem Roman *Tschandala* (1889) verarbeitet und dort in die Zeit um 1700 verlegt: Der aufgeklärte Magister Törner zieht zur Sommerfrische in ein verfallenes Schloß ein, wo es dem zwielichtigen Verwalter, einem Zigeuner, beinah gelingt, den Gast zugrunde zu richten. Doch dann setzt Törner seine geistige Überlegenheit ein, ihn mit seinen eigenen Mitteln zu schlagen: Er baut auf den Aberglauben des Zigeuners und versetzt ihn mit Bildern einer Laterna magica derart in Schrecken, daß er mit seinem entsetzten Geheul die halbverhungerten Doggen des Hofs anlockt, die ihn zerfleischen. Zwar bereitet Törner-Strindberg die Verletzung seines ehemaligen Dogmas – *das Volk ist heilig, und die Herrscher sind unheilig*[189] – Schmerzen, doch erscheint ihm der Mord am *Tschandala*, am Angehörigen der niedersten Kaste, jetzt gerechtfertigt. Er begreift ihn als Notwehr gegen den *Tyrann* der *Unterschicht*, der sich anschickte, den *Höherstehenden* zu überwältigen und damit den Evolutionsprozeß rückgängig zu machen – Notwehr im Namen des Kulturdarwinismus.

Und der Stärkere hat recht? fragt Laura in *Der Vater. Immer recht, weil er Macht hat*, antwortet der Rittermeister.[190] Wer aber ist der Stärkere? Mit der Feststellung, *die Macht der Frau* sei *größer als unser Verstand*[191], kann Strindberg sich nicht begnügen. Nein, der geistig Überlegene soll auch seine Macht genießen. Im Homo faber, im Genie, im Geistesaristokraten sieht er neuerdings die menschliche Zukunft verkörpert; und der Preis, der für dessen Überleben zu zahlen ist, ist Rassismus, Zügelung der Minderen: *Der Paria war tot, und der Arier hatte gesiegt.*[192] Der Hymnus aufs Kastenwesen (*So schrieb der weise Manu*[193]) ist ein Echo auf «Also sprach Zarathustra». Georg Brandes hatte Strindberg auf den damals noch nahezu unbekannten Friedrich Nietzsche aufmerksam gemacht,

*Friedrich Nietzsche,
1887*

und im «Fall Wagner» stieß er auf Worte, die von ihm selbst hätten stammen können, von der «Liebe, die in ihren Mitteln der Krieg, in ihrem Grunde der Todhaß der Geschlechter ist!»[194]. Brandes wies auch Nietzsche auf Strindberg hin, der «das einzige Genie Schwedens» sei[195], und dieser äußerte sich «entzückt» über *Heiraten*[196], *Der Vater* und die Novelle *Gewissensqual*. Strindberg empfing «Zur Genealogie der Moral», «Götzendämmerung» und pries den «Zarathustra» das *tiefste Buch, das die Menschheit besitze: Sie haben den Mut, vielleicht auch den Drang gehabt, diese herrlichen Worte dem Lumpenpack ins Gesicht zu speien... Ich schließe alle Briefe an meine Freunde: Lest Nietzsche!*[197] Nietzsche wiederum hörte einen «welthistorischen Accent»[198] aus Strindbergs Briefen heraus und hätte ihn gern als Übersetzer gewonnen. Ihr kurzer Briefwechsel riß ab, weil Nietzsche 1890 in Turin geistiger Umnachtung verfiel.

August Strindberg ist kein Nietzsche-Jünger; er traf auf ihn, als er selbst begann, Demokratie, Christentum und Sozialismus als Einheit zu denken und abzutun, dem Willen und der Macht zu huldigen und Anar-

77

Schlußszene aus «Fräulein Julie». Zeichnung von E. Clair-Guyot in «Le Monde Artiste», 29. Januar 1893

chie gegen konventionelle Lüge und Dekadenz zu predigen. Beide glaubten, im Werk des anderen in einen Spiegel ihrer selbst zu blicken, und waren berauscht von dem Gefühl, sich von jemandem anerkannt und verstanden zu finden.

Auch die beiden Dramen, die Strindberg im Sommer 1888 auf Skovlyst schreibt, atmen den Geist dieser Wahlverwandtschaft: *Fräulein Julie* (*Fröken Julie*) und *Gläubiger* (*Fordringsägare*). Während sich hier der Lehrer Gustav an seiner ehemaligen Frau und ihrem zweiten Mann für Demütigungen zu rächen versteht, weil er tiefere Einsichten in Liebe und Geschlechterkampf besitzt, siegt in *Fräulein Julie* der Domestik Jean über die Tochter seines Herrn, des Gutsbesitzers. Sie verführt ihn und will mit ihm durchbrennen, er jedoch bringt sie dazu, Selbstmord zu begehen und damit das Problem der *Mesalliance* zu lösen. Gegenüber der nervösen *Halbfrau* ist der Knecht, *das Häuslerkind*, das *sich zum künftigen Herren ausgebildet* hat[199], der Stärkere. Jean hat das Zeug, Ahnvater eines neuen Geschlechts zu werden: *Mit der Roheit des Sklaven und dem Mangel des*

Herrschers an Empfindlichkeit... geht er unverwundet aus dem Kampf hervor, in dem Julie als *unheilbar Kranke* zugrunde geht.[200]

Fräulein Julie ist Muster- und Meisterstück des naturalistischen Theaters, dessen Manifest Strindberg im *Vorwort* entwirft. In nuce entwickelt er dort eine Theorie des Spiels, der Bühnenausstattung und Beleuchtung, die zumindest für den psychologischen Realismus bis heute gültig geblieben ist. Die Asymmetrie der Szene und des Dialogs begründet er mit den Geboten der Wirklichkeit, er ersetzt die lineare klassische Handlungsführung durch eine mehrfach sich überlagernde Motivationsschichtung, um Julies Schicksal begreiflich zu machen[201], und beruft sich auf die Modernität der Charaktere und seine psychologischen Erkenntnisse. Im übrigen bleibe *das Problem vom sozialen Aufstieg oder Fall, von Höher und Niedriger, Besser oder Schlechter, Mann oder Frau, von dauerndem Interesse.* Mit der Heldin brauche man kein *Mitleid* zu haben; denn *der Wechsel von Steigen und Fallen* bilde *einen der größten Reize des Lebens.* Es sei nun einmal so, *daß der Raubvogel die Taube und die Laus den Raubvogel frißt.* Warum *soll man dem abhelfen?*[202]

Um seine Ideen in angemessenen Aufführungen zu verwirklichen, gründet Strindberg am 14. November 1888 tatsächlich ein eigenes Experimentiertheater nach dem Vorbild von André Antoines Pariser «Théâtre libre», dem er einen weiteren programmatischen Aufsatz widmet.[203] Kurz vor der Premiere wird *Fräulein Julie* von der Zensur verboten; von Schweden aus hatte eine Hetzkampagne gegen das Stück eingesetzt. Am 9. März 1889 hatte die Bühne dennoch einen erfolgreichen Einstand mit *Gläubiger* und den neu geschriebenen Einaktern *Paria* und *Die Stärkere*, weiteren Variationen des *Kampfs der Gehirne*. *Fräulein Julie* wurde ein paar Tage später in einer geschlossenen Veranstaltung der Kopenhagener Studentenvereinigung uraufgeführt – mit Siri Strindberg in der Titelrolle. Der Einakter *Samum*, ein orientalisches Hypnosedrama, wird erst ein Jahr später gegeben, diesmal in Stockholm. Dort war mittlerweile auch *Der Vater* gespielt worden, und im März 1889 gastierte das Experimentiertheater – kurz bevor es wieder einging – in Malmö.

In Schweden also regt sich wieder Interesse, und Strindberg nutzt die Gelegenheit. Der Schauspieler August Lindberg, ein Star seiner Epoche, plant eine Dramenfassung der *Hemsöer* für Stockholm. Um sie zu besprechen, treffen beide sich im April in Malmö. Siri bleibt in Dänemark zurück; Strindberg betritt allein wieder schwedischen Boden.

Schwedischer Zwischenakt

Wanderjahre sind vorüber. So beginnt das Heimkehrerpoem, das dem Zyklus der *Schlafwandlernächte* angefügt wird: ...*elender Körper und müder Geist / wollen, daß ich heim mich wende.* Der Blick aus der schönen Ferne, *vom Riffe,* auf Stockholm, stillt die Sehnsucht, doch in der Großstadt selbst fühlt der Wanderer sich unbehaust. Ihm erscheint der Trubel der elektrifizierten Metropole so tot wie die ganze Gesellschaft, die Oscar II. *renoviert hat: Ja, Barbaren mußten siegen, / das baltische Hellas besteht nicht mehr.* Kuriert vom Heimweh *fort in die Öde, wo Berge sich türmen, / flieht er aus der sinkenden Stadt.*[204]

Er flieht auf die Inseln Sandhamn und Runmarö. In der überwältigenden Landschaft der äußeren Schären fühlt er sich zwar geborgen, leidet aber unter der Einsamkeit. In launischen Briefen beschimpft er Siri und bestürmt sie, mit den Kindern nachzukommen. Endlich gibt sie nach; den Winter verbringt die ganze Familie in einem Stockholmer Vorstadtquartier. Harmonie stellt sich nicht mehr ein, die gedrückte Stimmung treibt Strindberg in die Kneipen. Am liebsten würde er Schweden schleunigst wieder den Rücken kehren. Doch das erlauben seine Mittel nicht. Er kann kaum das Schulgeld für die Kinder aufbringen: *Ich habe meine beiden Brüder an den Rand des Ruins gebracht, Evas* (der Haushälterin) *Sparbücher geplündert, werde mit unbezahlten Rechnungen überschwemmt...*[205] Die Resonanz der *Hemsöer*-Uraufführung ist recht verhalten; an der deutschen Fassung des *Hemsöer*-Romans verdient vor allem die Übersetzerin Mathilde Mann. Bonnier bringt zwar endlich *Unter französischen Bauern* heraus und bereitet den Sammelband *Gedrucktes und Ungedrucktes* (*Tryckt och otryckt,* 1890) vor, lehnt aber die Novelle *Tschandala* ab.

Glanzvoll vor dem grauen Hintergrund pekuniärer und familiärer Sorgen nimmt sich nur die Premiere der Versfassung des *Meister Olof* im Dramaten aus: Sechsmal wird der Dichter vor den Vorhang gerufen und lorbeerbekränzt zum Bankett geführt. Auch das Nya Teatern spielt im Frühjahr 1890 Einakter Strindbergs. Aber die Arbeit stockt. Mit seinem neuen Roman *Am offenen Meer* (*I havsbandet,* 1890) geht es nur langsam vorwärts; im Juni liefert er Karl Otto Bonnier das Manuskript. In literarischer Verkleidung sagt er darin seine Meinung über die konstitutionelle

Monarchie Oscars II. und ihre mediokre, halbdemokratische Verwaltung, an deren Stelle ihm eine Gelehrtenrepublik vorschwebt. Natürlich weiß er, daß sein idealer, nach Fachautorität gegliederter Staat utopisch ist und daß Feinde gewinnt, wer ihn fordert. Er schildert gerade *die Verfolgung des starken Individuums durch die kleinen Leute, die instinktiv die Starken hassen* – und er rechnet zu den *Kleinen* auch diejenigen, *die über uns sitzen mit der Einwilligung der Majorität (der Kleinen) und der Unterstützung von Armee und Priestern.*[206]

Strindbergs Gegen-Ideal ist der intelligente, gebildete, vorurteilsfreie Mensch, der kraft seiner Fähigkeiten Segen über die Menschheit bringt: Dr. Axel Borg, durchaus kein «Übermensch», wie häufig behauptet wird, sondern ein zierlicher, vielfältig begabter Wissenschaftler, der als Staatsvertreter auf eine der östlichsten Schären geschickt wird, um dort den Fischfang zu beaufsichtigen und die Lebensbedingungen zu verbessern. Er scheitert an der bösartigen Ignoranz der Eingeborenen, die Strindberg hier ohne das heitere Verständnis, das *Die Hemsöer* so sympathisch machte, darstellt. Nach einer unsinnigen Liebesaffäre, mit der auch die Möglichkeit, Kinder zu bekommen, schwindet, kämpft Borg mit dem Wahnsinn. Seiner Niederlage ins Gesicht blickend, entschließt er sich zum Selbstmord, zur siegreichen Einkehr in den großen Kreislauf der Natur: Am eiskalten Weihnachtstag *segelt er hinaus übers Meer, die Allmutter, aus deren Schoß der erste Funke des Lebens sich entzündete... des Lebens Ursprung und des Lebens Feind*[207].

Das Genie läuft Gefahr, am Widerstand der *Kleinen* zugrunde zu gehen: das Buch ist auch ein dichterischer Kommentar zum geistigen Kollaps Nietzsches. Er war nicht resistent genug gegen den Vandalismus. Anders als bei Nietzsche führt die Überzeugung, daß alle großen Eroberungen Siege der Barbaren gewesen seien, bei Strindberg jedoch nicht zur Glorifizierung der Barbarei[208], sondern zu Mißtrauen gegenüber teleologischen Konzepten.

Resignation ist die Antwort auf die beruflichen und privaten Demütigungen. Im Frühjahr 1890, das er noch einmal gemeinsam mit Siri und den Kindern auf Värmdö und Runmarö verbringt, beschränkt er sich darauf, *Punsch zu trinken, auf Feste zu gehen und sogar zu tanzen*[209]. Das familiäre Elend frißt die Energie, stumpft die Phantasie ab. Strindberg vergräbt sich in die Romane Honoré de Balzacs, liest den jungen Knut Hamsun, entdeckt in Edgar Allan Poe einen verwandten Geist. Und manchmal grübelt er über einen Brotberuf nach. Er denkt allen Ernstes daran, *Leuchtturmwächter* zu werden, oder Hotelportier mit seinen Fremdsprachenkenntnissen. Oder Archivar.

Die Natur zieht ihn an. Er füllt ein Skizzenbuch mit Pleinair-Zeichnungen, er plant ein Reisebuch über die schwedischen Landschaften. Im Herbst 1890 beginnt er seinen Streifzug mit Svealand und Götaland; eine neue Kodak-Handkamera ist im Gepäck. Finanzhilfe bekommt er durch

Marie David, 1891

Rudolf Walls Nachfolger bei «Dagens Nyheter», Fredrik Vult von Steijern, der eine Sammlung für ihn durchführt. Doch Strindberg enttäuscht seine Gönner und kehrt mit leeren Händen zurück. Die Scheidung war eingeleitet, an Schreiben ist da wenig zu denken.

Geplant war eine faire Verhandlung ohne Aufsehen. Strindberg, der jetzt allein in Brevik wohnte, schlug vor, *Inkompatibilität* als Scheidungsgrund anzugeben – *keine Anklagen und keine Verteidigung. Die Kinder kommen zu Dir.*[210] Vor dem Kirchenrat gab er zu Protokoll, die *Gegensätzlichkeit in der Mentalität* habe *zu zunehmender Abneigung geführt*[211]. Gegen das Protokoll erhob Siri vor Gericht jedoch Einspruch, der zwar abgewiesen wurde, Strindberg aber in Rage brachte. Und dann erschien noch eine gute Bekannte auf der Bildfläche: Marie David, Siris angeblich lesbische Freundin. Siri hatte sie, da sie mit den Kindern in dürftigen Verhältnissen lebte und sich mit Sprach- und Schauspielunterricht nicht über Wasser halten konnte, um ein Darlehen gebeten. Sie reiste an und zog zu Siri. Strindberg schäumte. Marie David war für ihn das Zerrbild der Emanzipation, ein saufendes Monster, das Kreuz seiner Ehe. Die Kinder mußten vor ihr geschützt werden. Er denunzierte Marie vor dem

Kirchenrat und beeinflußte Zeugenaussagen, um sie zu vertreiben. So war mit dem Urteil im März 1891, die Ehe sei nach einjähriger Trennung von Tisch und Bett als geschieden anzusehen, der Prozeß nicht abgeschlossen; Marie zeigte Strindberg wegen Verleumdung und, nach einer tätlichen Auseinandersetzung mit ihm, wegen Gewalttätigkeit an. Er kam schließlich mit einer Geldstrafe recht glimpflich davon, die in seiner Lage allerdings eine schmerzhafte Buße war.

Wenn Strindberg anderen zu schaden versuchte, begann er die Rache wirklicher oder eingebildeter Feinde zu fürchten; die Übermacht der von ihm selbst heraufbeschworenen Unannehmlichkeiten verursachte bei ihm paranoide Angstzustände, in denen er zum hilflosen Kind regredieren konnte. In einer solch bedenklichen Phase traf ihn im Frühjahr 1891 Birger Mörner an, ein adliger Student, der Kontakt zu dem Dichter suchte und ihm, wie nur wenige Menschen, in lebenslanger Freundschaft verbunden blieb. Er überredete ihn damals zu einer Erholungsreise nach Lund. Hier lernt Strindberg auch den jungen, hochbegabten Naturwissenschaftler Bengt Lidforss kennen. Fasziniert und froh, nicht über Literatur reden zu müssen, entwirft er mit ihm gemeinsam den Plan zu einer Naturphilosophie, dem *Antibarbarus*.

Eine Reise nach Norrland für das Projekt *Schwedische Natur* und ein versteckter Unterschlupf auf Djursholm scheinen seine Lebensgeister wieder geweckt zu haben. Ende 1891 ist er wieder voller Pläne, ein glänzender, hochgebildeter Gesprächspartner, der von chemischen Experimenten, Geographie und Naturkunde plaudert – so hat ihn der bekannte Forscher Sven Hedin in jener Zeit erlebt.[212]

Dann trägt Strindberg sich wieder mit Gedanken an ein Privattheater. Nicht weniger als sieben Stücke entstehen zwischen Oktober 1891 und September 1892. Ein sonderbares Märchenspiel macht den Anfang, *Die Schlüssel zum Himmelreich* (*Himmelrikets nycklar*). Das Christentum, verkörpert durch Petrus, einen rührenden, halb debilen Greis, hat den Schlüssel zum Himmel verloren. Ein Schmied, der sterben wollte, weil er seine Kinder verlor, schöpft mit Hilfe des Doktor Allwissend – des skeptischen, naturwissenschaftlichen Verstandes – neuen Mut und macht sich auf die Suche nach der Himmelspforte. Die Reise führt durch Stationen menschlicher Torheit und mündet im Turm zu Babel, dem Hauptwerk irdischer Verblendung. Hier lehnt jedoch auch die *Jakobsleiter*. Der Schmied erklimmt sie und findet seine Kinder wieder; der Arzt warnt am Ende vorm Märchenspuk der Illusionen. Strindberg wandelt mit diesem Stück, das wie *Glückspeters Reise* halb Satire, halb Legende ist, auf einem Grat zwischen den Zeiten: Neben der zynischen Absage an allen Glauben offenbart es auch bereits die Ahnung einer neuen Religion, in der die Naturwissenschaft die Bedeutung einer säkularisierten Magie gewinnt und die verlorene Gotteszuversicht sich erneut ankündigt.

Hier ist mehr Strindbergsche Zukunftsmusik als in den sechs naturali-

Landschaftsstudie Strindbergs. Dalarö, 1892

stischen Einaktern, die auf engstem Raum Fallstudie, Psychogramm, Demonstrationsobjekt und Typologie vereinen. In *Erste Warnung* (*Första varningen*) wird eine durch Eifersucht fast zerstörte Ehe wieder repariert, als der Frau – wie einstmals Siri – ein Schneidezahn abbricht und sie ihrer Vergänglichkeit innewird; *Debet und Kredit* schildert die Situation eines zu Ruhm, aber nicht zu Geld gekommenen Mannes, der von Gläubigern, Bittstellern und Freundinnen belagert wird. *Vor dem Tode* (*Inför döden*) ist eine Groteske, in der ein bankrotter Hotelier sich für seine neurotischen Töchter opfert; in *Mutterliebe* (*Moderskärlek*) okkupiert eine Frau mit egoistischer Affenliebe ihre Tochter und verleumdet den Vater. Ein Reflex der eigenen Scheidung ist *Das Band* (*Bandet*), ein Versuch zu ergründen, warum es zu einem sinnlosen und zermürbenden Streit kommen kann. In der juristischen Auseinandersetzung vermutet Strindberg nur die zivilisierte Regelung eines Aufstands gegen die Natur, die die Geschlechter zum Kampf gegeneinander aufstachle. Die Ehe bändige nur mühsam den Liebeshaß, der das Verhältnis von Mann und Frau ausmache. *Der Baron* im Stück macht *diesem elenden Leben nicht ein Ende, weil das Kind uns zurückhält*; ursprünglicher, tierhafter ist das Aufbegehren der Frau, die *umherziehen* und *sich müde schreien* möchte *gegen Gott, der diese Höllenliebe in die Welt kommen ließ, um die Menschen zu peinigen.*[213]

Höhepunkt der Serie ist die Komödie *Mit dem Feuer spielen* (*Leka med elden*). Im Reizklima der Schären-Sommerfrische verdrängt eine Familie ihre Langeweile durch amüsiertes und boshaftes Geplänkel. Der Vater macht der jungen Cousine den Hof; die erotische Spannung zwischen dem Sohn und seiner Frau ist abgeflaut. Dann verliebt sie sich in den Freund des Hauses, der sich verführen läßt; Liebe erscheint hier als die wechselseitige Erregung des Ehrgeizes, zu gefallen. Der Ehemann handelt, obgleich er tief verstimmt ist, klug: Er ist bereit, hinter dem Freund zurückzutreten, wenn dieser garantiere, seine Geliebte auch zu heiraten. Der Freund macht sich aus dem Staub, und die Familie gruppiert sich, als sei nichts geschehen, um den Eßtisch.

Entscheidend für die Zukunft wird indessen ein Ereignis in Deutschland, die mit Rudolf Rittner und Rosa Bertens grandios besetzte Aufführung von *Fräulein Julie* an der Freien Bühne in Berlin; im Publikum sitzen Gerhart Hauptmann und schwedische Freunde, darunter der Autor Ola Hansson und seine Frau Laura Marholm. Beide versuchen seit einiger Zeit, Strindberg in Deutschland bekannt zu machen; jetzt sehen sie die Gelegenheit, ihn dorthin zu locken. Strindberg wäre nur zu gern bereit, *aber wie aus dieser Hölle herauskommen? Hätte ich nur zweihundert Kronen Reisegeld, so würde ich sofort durchbrennen.*[214] Die Freunde und Verehrer, zu denen auch die Schriftsteller Adolf Paul und Stanisław Przybyszewski gehören, legen zusammen. Am 30. September 1889, neun Tage nach der förmlichen Auflösung seiner Ehe, steht August Strindberg auf dem Stettiner Bahnhof in Berlin und wird von ihnen in Empfang genommen.

Neue Bohème, neue Ehe, neue Experimente

Erstes Quartier findet Strindberg bei Hansson und Laura Marholm in Friedrichshagen, das ihm bald schon zur *Friedrichshölle* wird. Er fühlt sich von Laura, die fleißig ihre Verbindungen für ihn spielen läßt, bevormundet. *Sie stiehlt die geistigen Samentiere anderer Männer*, schreibt er dem jungen Schwedenfinnen Adolf Paul, der bald die Rolle eines Faktotums für ihn übernommen hatte, *und gibt sie als die Frucht ihrer eigenen Ehe aus!*[215] Kurz danach bezichtigte er sie auch ganz unmetaphorisch eines Diebstahls; er glaubte, sie habe seine (in Schweden verbliebenen) Nietzsche-Briefe entwendet. Hals über Kopf und bar aller Mittel flüchtet er zu Przybyszewski, der sich auf die Suche nach Helfern macht: «Schließlich bildete sich ein ganzes Konsortium, das die Pflicht übernahm, für Strindbergs Unterhalt zu sorgen. Und seltsam» – angesichts der antisemitischen Äußerungen, mit denen Strindberg gelegentlich seine Umgebung schockierte – «es waren lauter Juden.» In diesem Punkt war seine Einstellung extrem schwankend; ein konsequenter und theoretischer Antisemit ist Strindberg nicht gewesen. Zu den Freunden, die seine oft erheblichen Hotelrechnungen – Strindberg kam nicht auf den Gedanken, sich einzuschränken – beglichen, gehörten außerdem der (nicht jüdische) Dichter Richard Dehmel, der damals noch ein «armer Schlucker» war[216], und der Mediziner Carl Ludwig Schleich.

In der Nähe seiner Pension entdeckte Strindberg eine Weinstube. Von Gustav Türkes kleinem, aber mit Getränken überreichlich bestücktem Lokal in der Neuen Wilhelmstraße ergriffen er und sein Gefolge nun Besitz. Sie gaben ihm den Namen «Zum schwarzen Ferkel», unter dem es Inbegriff und Stammsitz des Künstler- und Literatenkreises, eine *Galerie verdammter Seelen*[217], wurde. «Rund um Strindberg und den ihm auf Schritt und Tritt folgenden Adolf Paul», schreibt Przybyszewski, «sammelte sich das ganze künstlerische Ver sacrum, das Skandinavien, getreu der alten Wikingertradition, dem Ausland lieferte.»[218] Im «Schwarzen Ferkel» trafen sich die Künstler, die auf dem Umweg über Deutschland versuchten Karriere zu machen; hier verkehrten die Dichter Holger Drachmann, Hans Jaeger, Gunnar Heiberg und die Maler Christian Krohg, Bruno Liljefors und Edvard Munch, dessen Ausstellungen damals Skandale auslösten.

Das ursprüngliche «Schwarze Ferkel». Zeichnung von Holger Paul

Die Tafelrunde, ein Umschlagplatz neuer Theorien und Ideen, war stets von Schwärmen Neugieriger umlagert.

Durch Munch schloß sich eine norwegische Musikstudentin dem Bohème-Kreis an. Dagny Juel war bald umschwärmter Mittelpunkt, knickte Herzen und gab zu Eifersuchtskrisen Anlaß. Auch Strindberg, der leicht entflammbar und in seinem zweiten Junggesellendasein auf Abenteuer erpicht war, ging eine kurze Affäre mit ihr ein, beschimpfte sie angesichts

Dagny Juel. Gemälde von Edvard Munch, 1893

ihrer sprunghaften Gunstbezeigungen aber bald als Hexe und männermordenden Vampir, nannte sie *Aspasia* oder *Lais* und suchte besonders Bengt Lidforss, der ihr den Hof machte, vor ihr zu «schützen». Dieser wurde dadurch in peinliche Lagen gebracht und entfremdete sich von seinem einstigen Idol Strindberg. Dagny heiratete im Jahr darauf Przybyszewski, trotz seiner polnischen Freundin Marta Foerder, mit der er Kinder hatte. Marta brachte sich ein paar Monate später um. Dagny wurde 1901 von einem Liebhaber ermordet.

Strindberg zog sich bald wieder von der unruhigen Bohème zurück. Am 7. Januar 1893, nach der Premiere von Hermann Sudermanns «Heimat», war ihm auf einem Empfang des Literaten Julius Elias die junge Maria Friederike Uhl, genannt Frida, vorgestellt worden. Die Zwanzigjährige arbeitete als Korrespondentin für ihren Vater, der die «Wiener Abendpost» und die «Wiener Zeitung» herausgab. Die Eltern, die getrennt in Österreich lebten, hatten sie auf Klosterschulen und ein englisches Internat geschickt, wo sie behütet und zugleich auf sich selbst gestellt aufwuchs. Sie näherte sich Strindberg bald wie ein Kind, bald wie eine geschäftstüchtige Intellektuelle, sie erschien ihm bald frühreif, bald weltfremd und anschmiegsam, bald berechnend und machtergreifend. Die Initiative ging nicht von ihm aus, denn, so Frida: «Ich kann ihn mir nur als Treibwild vorstellen, aber nicht als Jäger.»[219] Ihr proteushaftes Wesen nimmt ihn gefangen; schon nach zwei Monaten schickt er ihr einen Heiratsantrag.

Als Frida Berlin für einige Wochen verläßt, kühlt seine Leidenschaft ab. Geldnöte beschäftigen ihn und das Zerwürfnis mit dem Intendanten Sigmund Lautenburg, der ihn um Einnahmen prellt. Als Strindberg eine Summe von 3000 Mark mit der Bemerkung zurückschickt, ihm sei das

Frida Uhl, 1892

Zehnfache versprochen, setzt Lautenburg kurzerhand die erfolgreiche *Gläubiger*-Inszenierung des Berliner Residenztheaters ab und streicht die geplante *Kameraden*-Premiere. Außerdem war Strindberg in jenem April 1893 mit den Reizen Aspasias beschäftigt. Doch treibt ihn die Indiskretion einer Wiener Gazette, die seine Verlobung «mit der Tochter des Regierungsrates Friedrich Uhl» bekanntgibt, in Fridas Arme zurück. Mit einem sehr höflichen Schreiben bittet er Uhl um die Hand seiner Tochter. Schweren Herzens, da er «dem Verfasser des *Vater* lieber einen Dichterpreis als seine Tochter gegeben hätte»[220], willigt dieser ein. Mit Hilfe von Fridas Schwester Marie Weyr werden überstürzt die Vorbereitungen zur Ehe getroffen, die, nach bangem Warten auf die schwedische Scheidungsurkunde, am 2. Mai auf Helgoland geschlossen wird, wo, da dort nach englischem Recht getraut wurde, Formalitäten umgangen werden konnten. Doch weder auf der Nordseeinsel noch auf der Hochzeitsreise in England erweist das Glück sich als beständig. Perioden zärtlicher Übereinstimmung wechseln mit quälender Entfremdung: *Er spürte den Vampir, der sich festgesetzt hatte auf seiner Seele und sogar seine Gedanken bewachte*, heißt es in dem Roman *Kloster* (*Klostret*, 1898), den Strindberg seiner zweiten Ehe widmete.[221]

In London fühlte er sich auch sonst nicht wohl, da er kaum englisch sprach, da die Theater sich gerade Ibsen verschrieben hatten und seine Pläne mit dem Theaterdirektor J. T. Grein und dem Verleger William Heinemann nicht zur Ausführung kamen. Fluchtartig reist er ab, sitzt eine Weile bar aller Mittel in Hamburg fest, wo ihn in der brütenden Hitze Angst vor der Cholera überkommt, die 1892 Hamburg heimgesucht hatte, fällt auf Rügen Adolf Paul und dem finnischen Schriftsteller Karl August Tavaststjerna mit seiner Unzufriedenheit zur Last, fährt nach Berlin und schließlich an den Mondsee, wo sich Fridas Eltern getroffen hatten. In London versucht Frida weiterhin, in seinem Namen Geschäfte zu machen, und wähnt sich bereits als Direktorin einer Bühne. Strindberg, der später schrieb, sie habe dabei *ihre Befugnisse überschritten und sich als sein Vormund gebärdet*[222], schickt ihr drängende, dann drohende Briefe: *Wenn Du in acht Tagen nicht hier bist, so gehe ich nach Berlin... Kommst Du nicht in vierzehn Tagen dorthin, so suche ich um Ehescheidung an.*[223]

Nach einem Streit mit dem Schwiegervater reist er wirklich ab; sein Weg kreuzt sich mit Fridas Heimkehr. Das Paar trifft sich schließlich in Berlin, und da war, wie Frida sagt, «das junge Glück zur Stelle»[224]. Nicht lange, denn – so räumt sie in ihrem Buch «Lieb, Leid und Zeit», einem seltsamen Gemisch von Kitsch und Klarsicht, ein: «Es ist schwer für Strindberg, mit Menschen ohne Zusammenstoß zusammenzuleben, weil er die Welt anders empfängt als sie.»[225]

Ohne einen Pfennig in der Tasche werden beide von Fridas Großeltern in Dornach an der Donau aufgenommen. Auch hier, im malerischen Stru-

Selbstporträt. Berlin, 1893

dengau, kommt es zu Reibereien. Als Strindberg sich weigert, einer Vorladung vor das Gericht in Grein Folge zu leisten, weist ihm der Großvater, der ehemalige k. u. k. Notar Cornelius Reischl, die Tür. Strindberg lehnte es ab, sich von einer österreichischen Behörde wegen der in Berlin angedrohten Indizierung der deutschen Ausgabe des *Plaidoyer d'un fou* (*Die*

Beichte eines Toren) vernehmen zu lassen, und fuhr statt dessen im März 1894 nach Preußen, um das Verbot zu verhindern und den Druck des *Antibarbarus* zu beschleunigen. In Fridas Händen blieb das eben von Gustaf Fröding veröffentlichte «Buch über Strindberg» mit Beiträgen von Bjørnson, Hamsun, Lie, Georg Brandes und anderen zurück. Staunend las sie, daß Hamsun Strindberg darin als «seiner Zeit bedeutendsten Schriftsteller» feierte – den Großeltern war das gleichgültig.[226]

Nach seiner Rückkehr wird das Paar ins halbverfallene «Häusel» draußen auf dem Grundstück umquartiert. Doch Strindberg ist zufrieden: *...in der neuen Wohnung begannen, gerade im Frühling, die beiden schönsten Monate ihrer ganzen Ehe... Ihr Häuschen aus Feldsteinen... war ein vollkommenes Idyll. Es sah aus wie ein Klostergebäude und war überall mit Wein bedeckt... Hier richtete er sich mit seinem Laboratorium und seiner Bibliothek ein und fühlte sich so wohl wie nie zuvor... Sie gruben den Garten um und säten Blumen. Und um die großen weißen Wände drinnen auszufüllen, malte er Bilder.*[227]

Die Idylle hat mit der Geburt der Tochter Kerstin am 26. Mai 1894 ihr Ende; das *Kloster* verwandelt sich in einen Taubenschlag, in dem sich Mägde drängen. Es kommt zu unseligen Auseinandersetzungen mit Fridas Mutter und den Anrainern, weil Strindberg das Kind nicht katholisch taufen läßt. Der Säugling erkrankt, als Frida nach einem Schock nicht mehr stillen kann; Ammen müssen herbei. Strindberg weicht verdrossen ins muffige Dachgeschoß aus, liest Buddha und sehnt sich nach einer geistigen Klostergemeinschaft ohne Frauen und mediokre Verwandte. Er möchte auf und davon.

Auch die Arbeit stockt. Schon auf Helgoland war die optimistisch in Angriff genommene Romanfortsetzung von *Am offenen Meer* liegengeblieben. Der gerettete Axel Borg sollte darin «unbeirrt an die Natur herantreten, sie entschlüsseln und bezwingen»[228]. Das war Strindbergs neues Thema, doch der Poet kam nicht weiter, wo der Forscher noch suchte; der Belletrist mußte dem Biologen und Chemiker den Platz räumen. Strindberg schlüpft in ihre Kittel, und fußend auf Ernst Haeckels monistischer Entwicklungslehre, macht er sich auf die Suche nach der Urmaterie und ihren Metamorphosen. Auch von Goethe, mit dessen «Farbenlehre» er sich intensiv beschäftigt, ist er beeinflußt. Wo immer er unterkommt, in Hotelzimmern, bei Freunden, richtet er primitive Labors ein und experimentiert mit Schwefel, Jod, Quecksilber: Hatten sich die Erscheinungsformen des Lebens aus einem Grundstoff entwickelt, dann waren auch die angeblich unwandelbaren Elemente der Schulchemie veränderbar. Schwefel bestand seiner Ansicht nach aus Kohlenstoff, Wasserstoff, Sauerstoff und war kein Element; Jod ließe sich synthetisch herstellen; Quecksilber sei in Gold transmutierbar. Solche angeblich experimentell verifizierten Hypothesen trug er in den Lehrbriefen des *Antibarbarus* zusammen, überzeugt, eine Revolution der Naturwissenschaft ausgelöst

Strindberg als Alchimist. Illustration von Sjögren zu «Antibarbarus»

zu haben. Sie dankte es ihm nicht; das Buch wurde kopfschüttelnd übergangen. Selbst Bengt Lidforss, der die Schrift mit Paul Scheerbart übersetzt hatte, rückte in «Dagens Nyheter» von ihm ab: Strindberg sei weder Reformer der Chemie noch Philosoph, sondern «einzig und allein ein Dichter»[229]. Haeckel sandte eine freundliche, aber ausweichende Note. Nur der Arzt und Erfinder Carl Ludwig Schleich, der in Berlin täglichen Umgang mit ihm pflegte und seine «Universalität der Neigungen»[230] bewunderte, räumt ihm, bei allen Schrullen, ein, er sei zukunftsträchtigen Gedanken gefolgt. Schleich weist auf das von Marie Curie entdeckte

Theaterzettel zu «Der Vater» im Théâtre de l'Œuvre, Paris 1894

Radium hin, «welches sich selbsttätig über das Helium in Blei verwandelt». Auch die suspekten Goldproben, die Strindberg in seiner Alchimistenküche aus Quecksilber herstellte, bewertet er nur als Versuche «auf die Idee der Überführung und Wandelbarkeit der Metalle»: «Er suchte nicht Gold, sondern ein neues Naturgesetz.» Auch hebt er in seinen Erinnerungen von 1921 die «erstaunliche Fülle botanischer Ahnungen» hervor, die «heute durchaus diskutabel geworden sind».[231]

Strindberg schrieb den Pflanzen ein Sinnesleben und eine den Tieren ähnliche nervöse Tätigkeit zu und brachte damit die organischen Lebensformen in näheren Zusammenhang, als man damals annahm.[232] In die kosmische Theorie des Ursprungs und der Einheit aller Dinge, deren Bausteine er auf unzulängliche, häufig obskure Weise ermittelte, bezog Strindberg auch das menschliche Leben und die Geschichte ein – erschienen ihm historische Gesetze vormals als subjektivistische Täuschungen, so nimmt er nun einen *bewußten Willen in der Weltgeschichte* an, der mit Wiederholungen und Übereinstimmungen arbeitet.[233]

Seine erregte Phantasie suchte einen Sinn, heißt es in der vermutlich 1894 entstandenen Novelle *Das Silbermoor* (*Silverträsket*)[234], ein Satz, der auf Strindberg zutrifft. Sein Alter ego ist hier der Konservator einer Schäreninsel, der in einem verborgenen Sumpf gefischt und damit ein Tabu verletzt hat: Das Wasser gilt als verrufen, und man gibt ihm die Schuld, als unheimliche Dinge geschehen. Seltsame Entdeckungen, bei denen Zahlenmystik eine Rolle spielt, lassen ihn Silberbestände annehmen. Er irrt, doch längst nachdem er fort ist, werden andere Bodenschätze entdeckt.

Zweifel und Aberglaube, Rationalismus und Mystizismus begegnen sich hier. Noch siegen klarer Kopf und Analyse, doch stößt der Forscher auf rätselhafte Verbindungen, die er nicht mehr als Zufall aussondern mag, und entdeckt Wahrheiten im Volksglauben, die der Verstand sich anzuerkennen weigert. Der Weg, den Strindberg eingeschlagen hat, führt weder zur positiven Naturwissenschaft zurück noch zur aufgeklärten Philosophie, sondern in die Esoterik, in den Okkultismus.

Gute Nachrichten aus Paris bringen Bewegung: Die Erstaufführung der *Gläubiger* ist ein «grand triomphe», der junge Verleger Albert Langen interessiert sich für Strindberg; Lugné Poe will den *Vater* aufführen. Im August 1894 fährt Strindberg allein nach Frankreich.

Inferno

Vom Donaudampfer schaut Strindberg noch einmal zurück und fühlt *das Band zu Frau und Kind* so schmerzend stark, daß er sich ins Wasser stürzen möchte. Da macht das Schiff einen Ruck, und *das Band dehnte sich, streckte sich – und zerriß.*[235] Er versucht zwar die Verbindung weiter aufrechtzuerhalten, doch ist die Trennung bereits unaufhaltsam geworden. Frida folgt ihrem Mann im September 1894 nach Paris; dort aber schließt sie sich enger, als ihm lieb ist, dem Verleger-Duo Willy Grétor und Albert Langen an, dem späteren Gründer des «Simplicissimus». Sie ist von den exzentrischen jungen Herren begeistert, die sie als Sekretärin und Übersetzerin beschäftigen wollen. Als Strindberg sich der Anstellung in den Weg stellt, sind Streit und Tränen die Folge. Was sich mit Frank Wedekind anbahnte, den Frida im Kreis um Langen kennenlernt, scheint er nicht bemerkt zu haben; mit Wedekind, der damals am Beginn seiner Dichterlaufbahn stand, taucht Frida 1896 wieder in Berlin auf.

Ihre Rückreise nach Dornach im Oktober 1894, weil die Amme davongelaufen war und Kerstin ihre Mutter brauchte, wurde zum Abschied für immer. Die Briefe, die Strindberg ihr schreibt, sind anfangs zärtlich und freundlich, dann verdüstert sich der Ton. Als er ihr vorwirft, sie habe seine Beziehungen allein für ihre Interessen ausgenutzt, und sich mit *Such Dir einen andern! Adieu!*[236] von ihr absetzt, geht Frida zum Anwalt und leitet die Scheidung ein; doch erst 1897 wird die Ehe, die nach österreichisch-katholischen Rechtsbegriffen als Mesalliance galt, für ungültig erklärt.

Äußerlich änderte sich wenig an Strindbergs Leben in Paris. Er sammelte Anerkennung als Theaterdichter, er setzte seine chemischen Versuche fort, machte Beobachtungen an Tieren und Pflanzen im Jardin du Luxembourg, den er bei seinen täglichen Spaziergängen durchstreifte. Anfang Januar 1895 begab er sich wegen einer Hautflechte an den Händen, an der er schon längere Zeit litt, ins Hôpital de St-Louis. Sie war, vermutlich durch das Hantieren mit den Chemikalien, blutig aufgebrochen und schmerzte höllisch. Freunde ermöglichten ihm den Aufenthalt im Krankenhaus. Vereinsamt, wie er später suggeriert, war er keineswegs. Von seinen skandinavischen Freunden zog er sich erst zurück, als sie ihn durch öffentliche Spendenaufrufe beschämten; als ihm Knut Ham-

Kerstin, Strindbergs Tochter aus der Ehe mit Frida Uhl

sun den Ertrag einer solchen Geldsammlung aushändigen wollte, wies er ihm aufgebracht die Tür. In seinem Stammlokal am Jardin du Luxembourg, der «Crèmerie», verkehrte er mit zahlreichen Bekannten; Julien Leclerq, der die französische Ausgabe des *Plaidoyer d'un fou* begeistert rezensierte, Paul Gauguin, der seinen Ausverkaufskatalog vor seinem Weggang nach Tahiti mit einem Geleitwort Strindbergs schmückte, und der englische Komponist Frederick Delius gehörten zu seinem Umgang. Er besuchte mehrfach den norwegischen Maler Fritz Thaulow in Dieppe und verbrachte den Sommer 1895 und 1896 bei dem Arzt Anders Eliasson im schwedischen Ystad.

In dem Buch *Inferno*, das er 1897 französisch niederschrieb, beschreibt er die Jahre von 1894 an jedoch als die Periode einer tiefgreifenden, höllischen Krise. Er habe 1894, schreibt er andernorts, *prinzipiell seine Skepsis verlassen, die alles Leben zu verwüsten gedroht hatte, und er habe sich experimentierend auf den Standpunkt eines Gläubigen gestellt*[237]. Es ist-

durchaus glaubhaft, daß Strindberg in der Tat kalten Blutes begonnen hat, nicht nur die chemischen Strukturen von Jod, Schwefel und Gold oder Forschungsgebiete wie Luftelektrizität und Farbfotografie zu untersuchen, sondern Experimente mit sich selbst anzustellen, um Geheimnisse des Lebens lüften zu können. Das würde bedeuten, daß nicht Angstzustände oder Wahnvorstellungen ihn in die *«Inferno-Krise»* getrieben hätten, sondern daß sein neugieriges Operieren mit der psychischen Verarbeitung realer und eingebildeter Vorkommnisse die Erregungszustände und das krankhafte Verhalten erst hervorgerufen – und kultiviert – hat. Seit dem Sommer 1895 in Ystad begreift er sich als *Poetchemiker*, der Naturwissenschaft mit Dichtung legiert: Die Erscheinungen der Welt gelten ihm nun als korrespondierende Momente eines kosmischen Zusammenhangs, in dem alles, organische wie unorganische Natur, sinnvoll, einander spiegelnd und bewegend, aufeinander bezogen ist. Wenn man bereit und in der Lage sei, die Zeichen zu lesen, dann offenbaren die Phänomene den Plan der Schöpfung, der in ihnen angelegt sei und zu dessen Erkenntnis alle Energien sich verbinden müßten. Wissenschaftliche Beobachtung, Naturphilosophie und lyrischer Spaziergang in einem sind die Essays seines Bandes *Sylva Sylvarum*, der im Januar 1896 französisch erschien. Für die schwedische, inhaltlich erweiterte Publikation unter dem Titel *Jardin des plantes* sorgte Torsten Hedlund, der Herausgeber der Göteborger «Handelstidningen». Hedlund war Anhänger der von Helena Blavatsky begründeten, mystisch orientierten Theosophie. Strindberg unterhielt mit ihm einen «okkulten» Briefwechsel, der keineswegs nur ein harmonischer Austausch gewesen ist. Vorwürfe und eifernde Drohungen sind ebenfalls an der Tagesordnung; denn während Hedlund ans Karma glaubte, an *die abstrakte Summe der menschlichen Schicksale, die einander ausgleichen, um eine Art Nemesis zu ergeben*, stellte sich Strindberg einen alttestamentarischen Vatergott vor und lehnte eine *Verleugnung und Abtötung des Ichs* ab. *Die Kultur, nicht der Kultus, dieses Ichs erweist sich also als der höchste und letzte Zweck des Daseins.*[238] Wie die meisten Glaubenslehren des 19. Jahrhunderts ist auch Strindbergs Religion individualistisch. Er führt seine sehr persönliche Auseinandersetzung mit den *Mächten*, die ihn lenken, belehren, strafen und belohnen; er ist Sünder und Bettler, Priester und Prophet in einer Person, wenn er die Zeichen deutet, die sich ihm überall offenbaren. Auch diese Mächte begreift er als konkrete, lebendige, individualisierte Personen. Er dramatisiert die unsichtbare Welt, erhebt sie zur Bühne, auf der ein mythologisches, symbolhaltiges Spektakel abläuft, in das er selbst einbezogen ist; er leidet als *Hiob*, klagt als *Jeremias*, ringt als *Jakob* mit Gott.

Daß es ihm gelungen sei, äußeres und inneres Leben gleichsam gesondert zu führen oder, im okkultistischen Wortgebrauch gesprochen, «exoterisches» und «esoterisches» Ich zu trennen[239], ist nur in dem Sinne richtig, daß er immer wieder auf ein normal funktionierendes Alltagsle-

«Hôtel Orfila» in der Rue d'Assas in Paris

ben umschalten konnte. Sein «exoterisches» Dasein wurde aber durchaus in Mitleidenschaft gezogen; und mit verstärktem Absinthgenuß erhöhte er seine Empfänglichkeit für Spukerscheinungen und die Anfälligkeit für Alpträume und physische Beschwerden. Eine Zeitlang gibt die Überzeugung, daß allenthalben die *Mächte* am Werk seien, daß er auf Schritt und Tritt dem *Unsichtbaren* oder *Unbekannten* in die Arme liefe, seinen psychotischen Störungen freien Lauf. Ungehindert tritt der Verfolgungswahn zutage, als er vernimmt, Przybyszewski werde verdächtigt, seine ehemalige Geliebte – die Selbstmord begangen hatte – umgebracht zu haben. Strindberg erfaßt panische Angst, der ehemalige Freund befinde sich in Paris, um ihn zu ermorden; Edvard Munch hält er für einen Mitverschworenen. Überall nimmt er Zeichen war, die seine Ahnung ver-

99

Eine Seite aus dem «Okkulten Tagebuch», Januar 1898

dichten und ihn zu warnen scheinen. Kern dieser Panik ist die Gewißheit, daß alle Vergehen die Rache des Geschädigten oder die Strafe der
Mächte nach sich ziehen; nichts bleibe ungesühnt. Auf diese Weise wird
der paranoide Defekt mit ins Weltmodell einbezogen und aus ihm heraus zu rationalisieren versucht. Jedes Unbehagen, jeder körperliche
Schmerz, jede Schlaflosigkeit wird dabei als gezielte Tortur begriffen
und pathologisch überhöht. Die eigentliche «Inferno-Krise» setzt erst
1896 ein. Strindberg zieht am 21. Februar ins Hotel «Orfila», das den
Namen eines Chemikers trug, der 50 Jahre zuvor schon bezweifelt hatte,
daß Schwefel ein Element sei. Hier beginnt er ein *Okkultes Tagebuch*
(*Ockulta dagboken*) zu schreiben, in dem er Gedanken, Erlebnisse, auf-
fällige Erscheinungen festhält. Dies Diarium führte er bis 1908; es war
für die Veröffentlichung gesperrt und ist, komplett zumindest, nur in
einer Faksimile-Ausgabe erschienen.

Nach einer *Nacht des Grauens* flieht Strindberg am 19. Juli 1896 aus
dem «Orfila», reist über Dieppe nach Ystad, von hier aus weiter über
Berlin nach Österreich, wo er seine Schwiegermutter und seine Tochter
Kerstin besucht. Frida begegnet er nicht; sie erwartet in jener Zeit ein
Kind von Frank Wedekind, was Strindberg wohlweislich verschwiegen
wird; noch ist die Ehe nicht geschieden. Die Landschaft um Klam wird
ihm zum Panorama eines danteschen Inferno; er selbst begreift sich als
Höllenwanderer, Kerstin wird seine Beatrice. Sein Vergil, der Mysta-
goge, dem er nun folgte, war Emanuel Swedenborg, der 1745 als anerkannter Wissenschaftler, Erfinder, Bergbaufachmann und Politiker «aller weltlichen Gelehrsamkeit und Ruhmsucht» entsagt und sich nach
einer göttlichen Vision der «geistigen Welt» verschrieben hatte.[240] Früher
hielt Strindberg den *verstiegenen Schweden* für *nicht recht gescheit*[241],
jetzt war er durch Balzacs «Seraphita» erneut auf ihn aufmerksam geworden und nahm ihn als Lehrer des Gedankens, daß die Dinge der Natur nur
ein «Abbild des Reiches des Herrn» seien, als *Zuchtgeist* und *Schutzpa-
tron* auf seiner eigenen Läuterungsreise an.[242]

Nach einem Zwischenaufenthalt in Kopenhagen, bei dem sich Georg
Brandes entgeistert seine «mystischen Verrücktheiten» anhört[243], trifft
Strindberg am 7. Februar in Lund ein, wo er sich für zwei Jahre niederläßt.
Hier schreibt er im Mai und Juni in französischer Sprache sein Buch *Inferno* nieder, das die Geschehnisse von 1895 bis 1897 in die Darstellung
eines religiösen Irr- und Leidensweges transformiert – aus der Sicht des
Geläuterten, der Stationen seiner Höllenwanderung auf Erden Revue
passieren läßt. Die Biographie ist verändert, schlüssig gemacht. Bereits
die Einlieferung ins Krankenhaus wird nun zur Züchtigung dafür, daß er
seine Frau verließ; die Wunden an den Händen werden Stigmata – und so
fort. *Inferno* wendet sich an die Öffentlichkeit, ist religiöse Dichtung,
nicht, was sie fingiert, ein Dokument wirklichen Lebens. Die Realität ist
zur beispielgebenden Vita, zum Lehrbuch arrangiert worden, zum Leitfa-

Der Hohlweg in Klam mit dem «Türkenkopf».
Strindberg erschien diese Landschaft als das Inferno

den über die Grenzen der Erkenntnis und den Sinn der Qualen auf der Erde.

August Strindbergs okkulte Neigungen waren damals keineswegs außergewöhnlich. Paris war voller Alchimisten; der Okkultismus blühte, und keineswegs im Verborgenen. Strindberg verfolgte die Publikationen der Bewegung, hatte Kontakt zu ihrem Haupt, Papus, und schrieb für ihre Zeitschrift «L'Initiation». Der Welt des Unsichtbaren war auch die symbolistische Kunst verschrieben, die sich nun als «Antithese zum Naturalismus, Historismus und zur Verwissenschaftlichung des gesamten Denkens»[244] formulierte. Strindberg schloß sich dem Symbolismus an, ohne sich als Renegat des Naturalismus zu fühlen: Der okkulte Bereich der *Mächte* war für ihn Realität, göttliche Natur. Was war er anderes als ein symbolischer Naturalist?

Nach Damaskus. Heimwärts

Ende August 1897 fährt Strindberg noch einmal nach Paris. In *Legenden* spiegelt sich dieser Aufenthalt als die Zeit des *abklingenden Kriegs mit dem alten Ich*[245]. Rätselhafte Begebenheiten fesseln seine Aufmerksamkeit zwar weiterhin, doch wird der Grad seiner nervösen Reaktionen geringer. Gelegentlich flackern noch Ängste auf, Klopfgeister und andere Dämonen treiben ihr Unwesen, doch ist für sein Empfinden die Wandlung vollzogen und Ruhe kehrt ein. Alle Wissenschaft von der Chemie bis zur Theologie kommt ihm hybrid und sträflich vor; die «Symbole» gewinnen ihre ästhetische Bedeutung zurück. Strindberg vermag seinen eigenen Lebenskämpfen wieder kontemplativ gegenüberzustehen wie dem Fresko «Jakob ringt mit dem Engel» von Eugène Delacroix in der Kirche Saint-Sulpice, vor dem er auf seinen täglichen Spaziergängen gern haltmacht. *Und wenn ich durch die Knienden wieder hinausgehe, bewahre ich die Erinnerung an den Ringer, der sich aufrechthält, obgleich seine Hüftsehne gelähmt worden ist.*[246] Jakob ist er, *Jakob ringt* ist der Titel des zweiten Teils der *Legenden*, die die Rechenschaft über seine religiöse Metamorphose abschließen. Sie sind das Sedativum, das der Autor noch braucht, bevor er neue Wege einschlägt. Es ist müßig, das Buch unter ästhetischen Aspekten zu betrachten; es ist Abschied, Befreiung seelischer Energien, Initiation eines neuen Lebensabschnitts und als literarisches Werk von minderer Bedeutung – ähnlich dem letzten Teil des *Sohns der Magd*.

Im Februar 1898 beginnt Strindberg im «Hôtel Londres» das Drama *Nach Damaskus* (*Till Damaskus I*). Bereits am 6. März ist das später zur Trilogie erweiterte Werk abgeschlossen. Strindberg, der sich hier mit dem ehemaligen Christenverfolger Saulus identifiziert, den die jähe Erscheinung Christi des Augenlichts beraubt, der blind in Damaskus eintrifft und dort als Paulus getauft wird, gehen die Augen auf, überwältigt von der Rückkehr seines dichterischen Vermögens. *Nach Damaskus* ist das poetische Konzentrat seiner Lebens- und *Inferno*-Erfahrung: Das Leben ist Wanderung, und sein Weg ist dornig. Bis zu dem letzten Drama, *Die große Landstraße* (*Stora landvägen*, 1909), behält Strindberg dieses Bild bei. Vielleicht ist das ganze irdische Dasein auch nur Vorraum, Fegefeuer und Prüfstein für das wahre, das jenseitige Leben; vielleicht ist das, was

Am Hohlweg. Szene aus «Nach Damaskus». Uraufführung in Stockholm, 1900

wir Leben nennen, nur ein böser *Traum*, vielleicht ist die Welt nur ein Symbol, das der Mensch aufgerufen ist zu entziffern? *Nach Damaskus* ist Strindbergs erstes *Traumspiel*.

Der Wanderer, Jäger, Holländer, Ahasverus oder wie immer die Inkarnationen des rastlosen Pilgers heißen, ist auf der unentwegten, oft verzweifelnden und betrogenen Suche nach Ruhe und Einkehr. Frieden kann sich jedoch erst dann einstellen, wenn der Mensch sich als Figur im objektiven, sinnvollen Gefüge des göttlichen Kosmos begreift, alle Qual als logische Folge von Schuld anerkennt und falsches Denken und Handeln aufgibt. Bild des Ziels ist meist das konfessionslose Männerkloster, das den Proselyten am Ende seiner Irrtümer, am Ende auch von Verführbarkeit und Sexualität, aufnimmt. Mitunter werden auch religiöse Bekehrung und psychische Heilung ineins gesetzt: Das Kloster wird zum Hospital, der Prior zum Psychiater. Doch immer wieder entgleitet das Ziel, immer wieder ist ungewiß, ob der Suchende es je erreichen will. In *Nach Damaskus* trägt er keinen Namen: Er ist *Der Unbekannte*. Strindberg verallgemeinert sein Dichterleben zum Lebensweg des irrenden Menschen schlechthin. Dieser Mensch hat sich noch nicht gefunden, er bleibt unfertig, vorläufig. Sein Leben ist *Fragment, ohne Anfang und ohne Ende*, heißt es im dritten Teil von 1901. *Es war nicht der Anfang, als wir begannen, und es ist nicht das Ende, wenn wir aufhören*[247], und man weiß nicht, welche Metamorphosen wir nach *Verlarvung* und *Verpuppung* (Bilder, die Strindberg gerne benutzt) noch durchmachen werden. *Der Unbekannte* teilt Strindbergs Neigung zur Projektion von Wunsch- und Abwehrvorstellungen auf andere Personen. Mit Hilfe des literarischen Alter ego ist er offenbar imstande, sich seine paranoide Gefährdung bewußt zu machen, seine Fehler und Idiosynkrasien darzustellen und zu verurteilen, sogar in der Frauenfrage. Die weibliche Hauptfigur, in der Strindberg Frida und Siri, die Frida nie hatte vergessen machen können, zu einer einzigen Gestalt verdichtet, ist *Die Dame. Der Unbekannte* legt ihr den Namen *Eva* bei, und ihre Mutter rügt ihn dafür: *So haben Sie sich ausgerechnet, mit Ihrer selbstgeschaffenen Eva zugleich ihr ganzes Geschlecht zu verderben.*[248]

Als Poet kann Strindberg reinen Gewissens mit dem Gefühl leben, Geschöpf und Schöpfer zugleich zu sein, zu leiden und zu herrschen, seine Mühsal als die von Adam ererbte Qual zu zeigen und andere Charaktere nach seinem Willen zu modellieren und zu lenken, ohne für die tadelnswerten Eigenschaften gestraft zu werden. Auf dem Papier kann er gefahrlos mit sich und anderen experimentieren, kann er mit den Stücken der von ihm erlebten Wirklichkeit spielen, Chronik und Schauplätze nach Belieben umarrangieren. Dadurch wird sein Werk zur kontinuierlichen Selbstanalyse. Seine manische Vielschreiberei hat ihren Ursprung nicht nur in der Sorge ums tägliche Brot, sondern auch im Wunsch, dem Ansturm der Wirklichkeit zu begegnen und sich eine quasi-medizinische Kur zu verschaffen. Er wird buchstäblich nur dann krank, wenn äußere Umstände oder andere Blockaden ihn hindern, zum Heilmittel der Dichtung zu greifen. Der angebliche «Wahnsinn» zeigt seine Symptome am deutlichsten bei produktivem Stau. Die Selbstbestrafungsphantasie für die Unbotmäßigkeit, die der selbstherrliche Sohn sich dem Vater – dem irdischen wie dem himmlischen – gegenüber herausgenommen hat, konnte sich vielleicht nur deshalb zur sogenannten «Inferno-Krise» steigern, weil sie nicht rechtzeitig in Literatur überführt werden konnte. Und umgekehrt löst sich das wahnhafte Stadium hernach in einen kaum glaublichen Produktivitätsstrom: zwischen 1898 und 1903, bis zum Ausklingen der nächsten dramatischen Periode, schreibt Strindberg allein 25 Stücke.

Bilder und Personen entspringen in *Nach Damaskus* also den eigenen Erinnerungen, die er ins Gespinst des dramatischen Spiels verwebt; er nennt es *eine Dichtung mit einer entsetzlichen Halb-Realität dahinter*[249]. Die Wirklichkeit hat sich der Lehre von den Entsprechungen anzupassen; ein wichtiges Element ist das *Doppelgänger*-Motiv, die Spiegelung des eigenen Schicksals in einem andern. Die *Tortur* des Lebens wird so dargestellt, daß *das Gleichgewicht* der Gotteswelt sich wiederherstellt; die Fragmente realer Welt werden zum sinnlich-übersinnlichen *Kosmorama* ausgebaut, mit jener Fin-de-siècle-Atmosphäre, die den Reiz der *Traumspiele* ausmachen. Als dramatischer Alchimist amalgamiert Strindberg mittelalterliches Mysterienspiel und indisches Drama, Balzacs konkrete Phantasie, Poes Visionen, Joséphin Péladans okkulte Romankunst, Maurice Maeterlincks Jugendstil – und steckt zugleich den Kosmos für künftige Experimente ab, fürs surreale und fürs absurde Theater.

In *Nach Damaskus I* legt er einen Fundus von Metaphern, Emblemen, Symbolen, Motiven, typischen Situationen und Schauplätzen an, die er später immer wieder neu kombiniert. An der *Straßenecke*, im *Hotelzimmer*, auf der *Landstraße*, am *Meer* nimmt das Leben seine entscheidenden Wendungen. Entsprechung, Spiegelung ist auch formales Prinzip: *Die Kunst liegt in der Komposition, in der «Wiederholung», von der Kierkegaard spricht*, schreibt Strindberg am 17. März 1898 an Gustaf af Geijerstam, der Lektor bei Ernst Gernandt geworden war und seine Werke nun in dessen Verlag aufnahm: *Die Handlung entwickelt sich in Richtung auf das Asyl, dort kollidiert sie mit der Spitze und bewegt sich dann rückwärts. Pilgerfahrt, Strafarbeit, Verzehren (Vertilgung), und es beginnt von neuem auf demselben Platz, wo das Spiel endet und wo es begann.* Streng symmetrisch entsprechen die 17 Szenen einander: Bild 17 wiederholt 1, 16 ist der gleiche Ort wie 2 und so fort.

Wanderschaft und Rückkehr, Unruhe und heiliger Frieden sind die großen symbolischen Themen des alten Strindberg, der seine neue Mythologie nun reihum auf die von ihm bevorzugten Genres überträgt, aufs historische Schauspiel wie aufs naturalistische Drama, Kammerspiel und Märchen, geschichtliche und «moderne» Erzählung, Roman und Gedicht – sie alle nehmen nun die Farbe seiner veränderten Überzeugung an. Er selbst, der internationale Vagant, zieht immer engere Kreise um sein erstes Domizil, das auch sein letztes sein wird. Es treibt ihn zurück nach Stockholm. Strindberg wird seßhaft. Im April 1898 bricht er von Paris nach Lund auf, wo er noch ein geruhsames Jahr im Freundeskreis verbringt, verbittert freilich darüber, daß die schwedischen Theater seine Stücke meiden. Aber er schreibt unermüdlich. In *Advent*, einer *Märchentragödie*, zerstört ein grotesker Totentanz die Pharisäer-Idylle, in der ein pensionierter Richter und seine Frau sich eingerichtet hatten. Ihre Vergehen können zwar nicht von der irdischen Justiz geahndet werden, aber durch göttliches Gericht werden sie mit Tod und Höllenpein bestraft und am Ende geläutert. Modell für das alte Paar standen Fridas Großeltern in Dornach.

Formal realistischer ist *Rausch* (*Verbrechen und Verbrechen, Brott och brott*, 1899). Doch auch hier beschäftigt Strindberg sich mit einem Vergehen, für das kein weltliches Gericht zuständig ist. Der erfolgreiche Dichter Maurice wünscht seiner Tochter den Tod, weil ihre Existenz seine

Strindberg an seinem 50. Geburtstag in Waldemar Bülows Wohnung in Lund, 1899

Eskapade mit der Bildhauerin Henriette belastet. Das Mädchen stirbt wenig später tatsächlich, und Maurice wird als Mörder verdächtigt. Er verliert seine Reputation, die Freunde wenden sich ab – bis er Klarheit über sein Inferno gewonnen hat und sein Leid akzeptiert. Es geht nicht darum, ob er wirklich «magisch» getötet hat, sondern daß er durch seinen bösen Willen Schuld auf sich geladen habe. Schuld zieht bei Strindberg Unglück nach sich, die bewußte Sühne hingegen Glück und Anerkennung, wobei den säkularen Genüssen der Wert abgesprochen wird: *Die Ehre ist Schein, Gold dürres Laub, Frauen sind berauschende Getränke.*[250] Hier wird eine asketische Moral postuliert, durch die der wildwüchsige Konflikt zwischen Pflicht und Neigung, in den der sinnliche Mensch zwangsläufig gerät, geglättet wird: Nur Selbstbeschränkung könne die leidvollen Erfahrungen begrenzen und zur Übereinstimmung mit sich selbst führen.

Natürlich auch mit dem Hintergedanken, eine nationale Dramatik könnte den Bann lösen, mit dem ihn nach wie vor die Theater belegten, übertrug Strindberg seine Maßstäbe auch auf die Helden der schwedischen Geschichte. Bevor er, im Juni 1899, Lund wieder den Rücken kehrt, schreibt er dort noch *Die Folkungersage* (*Folkungasagan*) um Magnus II. Eriksson und *Gustav Vasa*. Er begreift die Könige als Personen, die, in ihren göttlichen Auftrag verstrickt, unter Mühen das Rechte zu tun versuchen. Sie sind wie alle anderen auf die Gnade der *Mächte* angewiesen, sie werden wie alle anderen für ihre Fehler bestraft. Es geht Strindberg darum, *Menschen mit großen und kleinen Zügen zu zeichnen*[251]; die Geschichte liefert nur die Daten, das Kolorit und die Charaktere, die gebrochen, mit einer modernen Verteilung von Licht und Schatten dargestellt sind. Realer historischer und symbolischer Sinn werden zur Einheit, besonders deutlich erkennbar in Massenszenen von dramaturgisch oft ungewöhnlichem Zuschnitt. *Des Volkes Stimme ist Gottes Stimme*[252]: im Guten wie im Bösen.

Die Rechnung geht auf. Die historischen Zeitspiegel erregen das Interesse der Stockholmer Bühnen. Albert Ranft, der das Schwedische Theater zum erfolgreichen privaten Konkurrenzunternehmen des staatlichen Dramaten gemacht hatte und als Bühnenimperator die zentrale Gestalt des Theaterlebens geworden war, fährt persönlich zu Strindberg, um den Kontrakt über *Gustav Vasa* auszufertigen. Er trifft ihn auf Furusund. Hier, in *Schwedens schönster Landschaft*, hat Strindberg sich für den Sommer niedergelassen, in der Nähe seiner Schwester Anna und ihres Mannes Hugo von Philp, mit denen er engen Kontakt pflegt. Auch Carl Larsson und seine Tochter Greta, die einige Jahre später als Schauspielerin in seinen Stücken auftritt, sieht er hier draußen wieder.

Im Herbst zieht Strindberg nach Stockholm, wo mit dem *Gustav Vasa* der Bann gebrochen wird. Schon im November folgt im Schwedischen Theater die daran anschließende Historie, *Erik XIV.* Sie verdient vor allem wegen der Charakterisierungskunst Aufmerksamkeit, mit der die Hauptfiguren gestaltet sind, der pathologisch unsichere, schwer berechenbare junge König und sein Freund Göran Persson, ein gerissener, zynischer, pessimistischer, im Ziel jedoch human denkender Realpolitiker. Die treffliche Ergänzung des Paars aber erweist sich schließlich als unselige Verflechtung; dunkel bleibt, wessen Schuld das ist. Mit Ausnahme der penetrant und unsympathisch geschilderten Vertreter des alten Adels changieren die Charakterzüge aller Personen. Strindberg führt immer wieder in die Irre; Wertungen, die er eben noch nahelegte, werden durch überraschende neue Aspekte einer Figur wieder in Frage gestellt. Beständigkeit und Charakterfestigkeit gelten für Strindberg ohnehin eher als Zeichen von Dummheit und für die Unfähigkeit, mit äußerer und innerer Entwicklung auch veränderte Standpunkte zu gewinnen.

Anfang 1900 kam *Rausch* am Dramaten heraus, Anfang 1901 *Die Folkungersage* am Schwedischen Theater, am 17. April 1901 *Mittsommer* (*Midsommar*, 1900) im Theater des Südens. Dieses *ernsthafte Lustspiel* hat Volksstückqualitäten; es offenbart wie kein anderes Drama Verständnis für menschliche Schwächen, ist ein Beispiel für die *Humanität und Resignation*[253], zu der Strindberg sich jetzt, in der Nachfolge Goethes, bekennt. Zur gleichen Zeit hatte das Dramaten *Ostern* (*Påsk*, 1900) und als Nachspiel *Kaspers Fastnacht* (*Kaspers fet-tisdag*, 1900) auf dem Spielplan. Endlich war im eigenen Land die Position, um die Strindberg sich so lange betrogen glaubte, erreicht.

Harriet Bosse

Im Frühjahr 1900 besucht Strindberg eine Vorstellung des «Sommernachtstraums» im Dramaten. Der Direktor Nils Personne hat *Nach Damaskus* angenommen, und August Palme, der den *Unbekannten* spielen soll, macht den Dichter auf eine junge Künstlerin aufmerksam, die die Rolle der *Dame* übernehmen könnte. Strindberg schildert Harriet Bosses Puck seinem Übersetzer Emil Schering, der seit 1899 die deutsche Werkausgabe betreut, als *vollkommene okkulte Offenbarung von Anmut, Schalkhaftigkeit, Urpoesie und anderem etcetera*[254]. Er ist von der exotischen Erscheinung fasziniert und trägt ihr die *Dame* an – sicher nicht nur, weil sie *so schöne Beine* hatte[255], wie Harriet sich erinnert.

Harriet Bosse, am 19. Februar 1878 in Oslo geboren, trat als Anfängerin im Theater ihres Schwagers Johan Fahlström in Oslo auf – zum Beispiel in Strindbergs Einakter *Vor dem Tode*. Für ein paar Monate besuchte sie ein Pariser Konservatorium und quartierte sich dann bei ihrer Schwester Dagmar in Stockholm ein; 1899 wurde sie ans Dramatische Theater engagiert. Sie vertrat gegenüber der hier gepflegten Darstellungsweise, die sie «gespreizt, deklamatorisch, falsch»[256] fand, eine neuartige, verinnerlichte Spielweise. Nach der *Damaskus*-Premiere am 19. Dezember 1900 sandte Strindberg ihr die Zeilen: *Werden Sie jetzt bei uns die Schauspielerin des neuen Jahrhunderts! Sie haben uns neue Töne geschenkt, woher Sie sie auch genommen haben mögen.*[257]

Strindberg führt damals ein ganz auf die Arbeit konzentriertes Junggesellendasein, das er in der fast beschaulichen, mild gestimmten Erzählung *Einsam* (*Ensam*, 1903), dem Abschluß seiner autobiographischen Fiktionen, festgehalten hat. Ganz so zurückgezogen und friedvoll, wie er sich hier beschreibt, lebt er aber auch jetzt nicht. Der zweite Sommeraufenthalt in Furusund endet mit dem Abbruch der Beziehungen zu Anna und Hugo von Philp; Szenen aus ihrer Ehe finden sich im Drama *Todestanz* (*Dödsdansen*, 1900/01) wieder. Mit zärtlichem Verständnis nimmt er hingegen Anteil am Schicksal seiner depressiven Schwester Elisabeth. Sie ist das Vorbild der *Eleonora* in seinem *Passionsspiel Ostern*. Untergang und Wiederauferstehung einer bürgerlichen Familie ereignen sich an den drei Feiertagen. Vergeblich versucht der Lehrer Elis die Fassade aufrechtzuerhalten. Über seinem Vater schwebt ein Verfahren wegen Verun-

Harriet Bosse als Dame in «Nach Damaskus»

treuung, finanzieller Ruin droht, und auch die Beziehung zu seiner Braut ist tief gestört: *...sie lieben einander und sie hassen einander... so, daß das Thermometer sinkt, wenn sie durchs Zimmer gehen.*[258] Von unerwarteter Seite kommt Hilfe: als strenger und doch gütiger Engel erweist sich ein Gläubiger, eine fast groteske Über-Figur; und die gemütskranke junge Schwester Eleonora befreit die Familie von seelischer Schuld. Sie trägt wie ein weiblicher Christus die Sünden der anderen. Als hilflos und verloren erweisen sich die angeblich Normalen; Versöhnung stiftet der

111

Mensch, der als geistesgestört gilt. *Die Irren*, hieß es in *Nach Damaskus*, *sind die einzigen Klugen; denn sie sehen, hören, fühlen das Unsichtbare, das Unhörbare, das Unfühlbare*[259]. Erst wenn die Maske fällt, wenn die Lebenslüge eingestanden ist, folgt *meine Versöhnung, die Wiederkehr des Lichtes auf die ausgestandenen Leiden*[260]. Auch Güte, sagt Strindberg, ist in der Welt, doch man erlangt sie nicht ohne Bereitschaft.

Bild der Gefangenschaft in Liebe und Haß, in ihrem ewigen Wechsel, ist der kreisrunde Festungsturm, in dem der *von Alter und Whisky*[261] gezeichnete Kapitän Edgar und seine Frau Alice, die ehemalige Schauspielerin, hausen. In *Todestanz* wird die Ehe zum Drama des Lebenskampfs schlechthin; *Haßliebe* kennzeichnet die Gemeinschaft der Geschlechter. Darwins einst gefeierte Evolutionstheorie ist hier zum Gemeinplatz eines verbitterten und boshaften Egoismus verkommen: ... *solange der Mechanismus funktioniert, muß man treten und schlagen, mit Händen und Füßen, solange das Zeug hält.*[262] Das Einerlei des täglichen Gezerres zwischen den aneinandergewachsenen Partnern wird durch Kurt, einen Jugendfreund, gestört. Leidenschaft und die vergebliche Hoffnung, eine Trennung könnte das vermißte Glück schaffen, keimen auf; doch am Ende, nach bösem Spiel, bleiben Alice und Edgar beisammen: *durchstreichen und weitergehen* – bis der Tod die Erlösung aus der Hölle bringt: Am Ende landet man in *Schubkarren* und *Gartenbeet.*[263] Auf Anraten Scherings hat Strindberg dieses hermetisch abgeriegelte Stück mit einem zweiten Teil wieder geöffnet: Hier stirbt Edgar wirklich; den Tanz des Todes, der das Leben bestimmt, nehmen die Kinder – seine und Alices Tochter Judith und Kurts Sohn Allan – miteinander auf. Die Namen Edgar und Allan sind eine Dedikation an den verehrten Edgar Allan Poe.

Als Mitgift für ihre Theaterlaufbahn erhält Strindbergs Tochter Greta das Legendenspiel *Die Kronbraut* (*Kronbruden*, 1901), das auf Sagen aus Dalarna beruht; sie hat die Kersti, die ihr uneheliches Kind umbringt, um als Jungfrau heiraten zu können, in der Tat manches Mal gespielt.

Wie geht der eigene Weg weiter? Strindberg trägt sich mit dem Gedanken an eine *Reise in ein italienisches Kloster, das Richard Bergh* – ein Künstlerfreund, der ein bekanntes Porträt von ihm malte – *entdeckt hat*[264]. Auch *Nach Damaskus III* mündet im Kloster, in einer Szene, die zugleich das kritische Resümee von 50 Jahren Kulturgeschichte zieht; aber die Arbeit an dem Stück beantwortet die eigene, entscheidende Frage trotzdem nicht: *Sollte ich den Unbekannten im Kloster enden lassen?* Er legt sie Harriet vor, und sie verneint: *Nein – er hat im Leben noch mehr auszurichten...*[265] Bevor der *Unbekannte* reif genug ist für die spirituelle Männergemeinschaft, macht er noch einmal die Probe auf die Hoffnung, daß *die Versöhnung der Menschheit durch die Frau* erfolgen könne: *Ja, die Frau! Anfang und Ende – für uns Männer zumindest. Unter sich sind sie überhaupt nichts.*[266]

Der Gedanke an die ungleiche Verbindung zieht Strindberg nicht nur an, sie schreckt ihn auch: ... *dachte an die Folgen*, vertraut er im Februar 1901 dem *Tagebuch* an, *wenn ich meine Macht und mein Eigentum, meine Freiheit und Ehre an eine harte, berechnende Frau aus einer feindlichen Nation abträte.*[267] Er übertreibt den Widerstand gegen die erfolgshungrige Schauspielerin aus dem abtrünnigen Trabantenland Norwegen, um *das Band* noch rechtzeitig zu zerreißen, bevor es zu fest geknüpft ist. Zu spät. Am 5. März notiert er, er habe, *von bösen Gedanken überfallen*, Harriets Bild in den Schrank geworfen, doch – *Kurz darauf kam sie! Es war vier Uhr! Um 5 war ich verlobt! Oh! Gott sei uns gnädig! Und segne unsern Bund!*[268]

Karrieregedanken mögen Harriets Bedenken zerstreut haben; Strindbergs Charme tat ein übriges: «Ich geriet ganz unter seinen Zauber.»[269] Er habe ihr «tief in die Augen gesehen» und sie gefragt: «*Wollen Sie ein Kind mit mir haben, Fräulein Bosse?* Ich verbeugte mich und erwiderte ganz hypnotisiert: – Ja bitte!»[270] Mit dem Märchenspiel *Schwanenweiß* (*Svanevit*, 1901), einem von Maeterlincks Jugendstil-Romantik beeinflußten Stück, bekräftigt Strindberg seinen Glauben an die Ehe. Am 6. Mai 1901 wird die Ehe geschlossen.

Das Familienleben wird auf die gemeinsame Wohnung am Karlavägen beschränkt, in der er Harriet, wenn sie nicht im Theater ist, festzuhalten versucht. Aber hier braucht er viel Ruhe, um ungestört schreiben zu kön-

Greta Strindberg als Kersti in «Die Kronbraut»

nen. Harriet fühlt sich bald in einen Käfig gesperrt. Strindberg überhäuft sie mit Lektüre und zwingt sie, Sprachen zu lernen; eine Zeitlang unternimmt er sogar Anstrengungen, sie als Schauspielerin in der Hoffnung auf beider Erfolg in Deutschland unterzubringen. «Er meinte es ja so gut mit mir! Er wollte mich vor den Leiden beschützen, die er selbst durchgemacht hatte. Aber mir war es ja unmöglich, mich von 20 Jahren plötzlich auf 50 zu versetzen!»[271]

Da Strindberg Sexualität nun zu verachten vorgab, kamen mit dem Altersunterschied zusätzliche Spannungen in die Ehe, die Harriet bald nicht mehr aushielt. Zum erstenmal lief sie davon, als Strindberg sich Ende Juni 1901 nach einer Periode angestrengter Arbeit – er hatte eben das Regentendrama *Karl XII.* abgeschlossen – am Tag der Abreise weigerte, eine gemeinsam geplante Fahrt anzutreten, weil *die Mächte* es nicht zuließen.[272] Er folgt ihr später nach Dänemark, und sie verbringen ein paar Urlaubswochen an der seeländischen Küste. In Berlin, am 1. August, finden die Ferien ihren dissonanten Höhepunkt. Sie ist neugierig auf ein anrüchiges Lokal, er gerät außer sich und beschimpft sie als *Hure*. Der Auftritt wird zum Zeitzünder. Drei Wochen später verschwindet sie aus der Stockholmer Wohnung und hinterläßt in einem Brief, sie fühle sich durch seine Beschuldigungen in Berlin «so beschmutzt, daß selbst die liebevollsten Worte von Dir sie niemals abwaschen oder fortspülen könnten»[273]. Zu diesem Zeitpunkt wissen beide, daß Harriet schwanger ist.

Strindberg reagiert zwiespältig. Er leidet unter *Sehnsucht, Trauer, Unsicherheit, Gewissensqual*[274] und stilisiert den Monat des Alleinseins zu den *40 Tagen Wüstenwanderung*[275], ist aber auch befreit von den lästigen Seiten der Gemeinsamkeit und nutzt sie für emsige Produktion, die auch anhält, als Harriet den Winter wieder einigermaßen fügsam im Karlavägen mit ihm verbringt und auf die Geburt wartet. Anne-Marie kommt am 25. März 1902 zur Welt.

Die neuen Geschichtsdramen *Engelbrekt, Kristina* und *Gustav III.* wirken noch privater als die früheren Chroniken, deren Helden als Zeugen der Inferno-Theorie fungierten; und vor allem in *Karl XII.* und *Kristina* betreibt Strindberg dadurch die Demontage historischer Größe. *Königin Christine* ist ein verantwortungsloses Starlet der schwedischen Historie, die geliebt und verehrt werden will, aber keinerlei Eignung für eine Potentatin besitzt; und in *Karl XII.* heißt es: *Wehe dem Lande, dessen König ein Bube ist!*[276] Sein Tod wird als gerechte Gottesstrafe gedeutet. In den rechtsgerichteten Kreisen Schwedens galt dieser Monarch, der «Verteidigungskriege» gegen Rußland und Polen provoziert hatte, als Nationalheld; Verner von Heidenstam hatte sich drei Jahre zuvor mit dem Novellenzyklus «Karolinerna» als konservativer Volksdichter etabliert. *Karl XII.* ist bereits eine Kampfansage an den schwedischen Chauvinismus, Heidenstam eingeschlossen; die Rückkehr zu Überzeugungen der Aufbruchsjahre kündigt sich an.

Richard Bergh: «August Strindberg». Ölgemälde, Stockholm 1905

Strindbergs religiöser Glaube konnte ins Helle wie ins Dunkle ausschwingen: bald war das Leben eine sinnvolle Prüfung, bald sinnlose Qual, bald waren die Menschen arme Sünder, bald boshafte Ungeheuer. In depressiver Stimmung notiert er während der *40 Tage*: *Die Menschen sind nicht böse geboren, doch sie werden durch das Leben böse... Um das Leben leben zu können, muß man anderen Böses zufügen, allein durch die*

Tatsache, daß man ihren Weg kreuzt[277], und er weiß von sich selbst, *das meiste des Bösen, was ich getan habe, geschah aus Unverstand und hitzigem Mut*[278]. Unerreicht ist sein Ziel geblieben, den *Schlüssel zum Rätsel der Welt und zum Sinn des Lebens zu finden*[279]. Diese theoretische Unsicherheit spiegelt sich in den zahlreichen Umarbeitungen eines Stücks, das er zuerst *Korridor-Drama*, dann *Das wachsende Schloß* und schließlich *Ein Traumspiel* (*Ett drömspel*, 1901) nennt. Daß der Untertitel zur Überschrift wird, zeigt, wie sicher Strindberg am Ende war, die gültige Form, die richtige Antwort gefunden zu haben. Bestätigt sah er sich von der indischen Mythologie: *Die ganze Welt nur Schein... Die göttliche Urkraft... ließ sich von Maja oder dem Zeugungstrieb verführen. Hierdurch versündigte sich die göttliche Urkraft gegen sich selbst. (Die Liebe ist Sünde; darum ist die Liebesqual die größte Hölle, die es gibt.) Die Welt besteht deshalb nur durch eine Sünde, falls es sie überhaupt gibt – denn sie ist nur ein Traumbild.* Die Askese müsse dieses *Phantom* vernichten, doch *der Liebestrieb* wehre sich, und *das Endergebnis ist ein unaufhörliches Schwanken zwischen dem Taumel der Wollust und der Qual der Buße: Dies scheint die Lösung des Welträtsels zu sein.*[280]

Indras Tochter, im Spiel auch *Agnes* genannt, fällt unter die Menschen, lebt mit ihnen, erfährt ihre Qualen. Wieder ist es eine weibliche Christus-Figur, die Leid auf sich nimmt, um Trost spenden zu können. *Es ist schade um die Menschen*, ist ihr leitmotivischer Satz. *Der Dichter* übergibt ihr eine *Bittschrift der Menschen an den Herrscher der Welt*, die sie zu überbringen verspricht – eine *Bittschrift, verfaßt von einem Träumenden.*[281] Der *Träumende* bestimmt die Struktur, das scheinbar willkürlich vom Schlaf diktierte Arrangement der Vorgänge: *Im Anschluß an sein früheres Traumspiel «Nach Damaskus» hat der Verfasser in diesem Traumspiel versucht, die unzusammenhängende, doch scheinbar logische Form des Traumes nachzubilden. Alles kann geschehen, alles ist möglich und wahrscheinlich. Zeit und Raum existieren nicht... Die Personen spalten sich, verdoppeln sich, vertreten einander, gehen in Luft auf, verdichten sich, zerfließen, fügen sich wieder zusammen. Aber ein Bewußtsein steht über allem, das des Träumenden.*[282] Die Traumarbeit ernst zu nehmen ist ebenso zukunftweisend wie die Zwischenschaltung eines gleichsam epischen Prinzips, durch das die subjektive Erfahrung objektiviert wird. Diese Technik hat Strindbergs Kosmologie weit überlebt; Bertolt Brecht hat diese Methode, das Unbegreifliche begreiflich zu machen, als «alten V-Effekt» bezeichnet und, unter neuen Vorzeichen, selbst angewendet.[283] Das *Traumspiel* ist die parabelhafte Demonstration eines Konzepts der Wirklichkeit, weitab vom naturalistischen Illusionstheater; entsprechend empfahl Strindberg symbolhafte und emblematische Kulissen, Versatzstücke und Requisiten.[284]

Neben Prosa-Szenen treten lyrische Sequenzen, die mit Bühnenversen wenig gemein haben: Die Gattungen werden durchlässig für Strindberg.

Harriet Bosse als Agnes in «Ein Traumspiel», 1907

Ein «lyrisches Drama» ist kein Unding mehr; und umgekehrt komponiert er seine Gedichte bisweilen dramatisch wie das Rollengedicht *Die Dreifaltigkeitsnacht*, dem ein Stückplan zugrunde lag, oder den *Hymnus an das Weib*, den *Zweiten* (monologischen) *Gesang* des dreiteiligen Poems *Der Holländer*. Er entstammte einem beiseite gelegten Schauspiel, das seine unselige Ehe mit Harriet zur Begegnung des Fliegenden Holländers mit Lilith überhöhte. Der *Holländer* und der ewige Jude *Ahasverus*, dem er ebenfalls ein Gedicht widmet, sind weitere Inkarnationen des Wanderschaft-Gedankens. Der Ertrag der lyrischen Periode von 1902/03 er-

Dekorations-Skizze Strindbergs zum «Traumspiel» für das Intime Theater

schien 1905 gesammelt als *Wortspiele und Kleinkunst* (*Ordalek och småkonst*); balladenhafte Gebilde sind darunter, aber auch interessante, sprachmusikalische Experimente. Ein originärer Lyriker war Strindberg nicht; sein Gedanke war ihm erklärtermaßen wichtiger als der Versfuß. Der nachlässige Umgang mit der Form rächte sich oft; doch gerade dort, wo die Gattungen sich überschneiden, im Hymnus oder Erzählgedicht, sind ihm außerordentlich streng gestaltete und ausdrucksstarke Werke gelungen. Die wechselseitige Beeinflussung der Genres ist eine ästhetische Entsprechung der religiös-wissenschaftlichen Korrespondenzenlehre, mit der Strindberg sich auch in der Dichtung seiner weltanschaulichen *Synthese* nähert. Spürbar ist sie auch in dem Band *Heiterbucht und Schmachsund* (*Fagervik och Skamsund*, 1902), der Erzählkunst und Lyrik verbindet.

Die lyrischen Versuche hatten auch deshalb das Drama verdrängt, weil sich zu Strindbergs Kummer die schwedischen Theater wieder zurückzogen. Also bemühte er sich verstärkt um Aufführungen in Deutschland. Für diesen Markt war bereits *Gustav Adolf* (1900) geschrieben, ein ungefüger romantischer Dramenspiegel des Dreißigjährigen Kriegs, mit dem er Schiller und Shakespeare zu übertrumpfen glaubte. Daß er den Inhalt, zu dem er intensive historische Studien trieb, dramaturgisch nicht bändigen konnte, rechtfertigte er mit der *Wüstenwanderung*, während der die

Menschen (Gustav Adolf) über sich klarwerden, durch Züchtigung erzogen werden und von der Erfahrung lernen, wie sie ihre Irrtümer berichtigen, um schließlich «heim zu verlangen» [285]. Als Bühnenwerk kaum von Belang, ist *Gustav Adolf* wegen seiner Toleranzlehre bemerkenswert; die Parallele zu Lessings «Nathan der Weise» zieht Strindberg selber. Die Geschichte wird als Zeuge für die Absurdität der Glaubenskriege und den unhaltbaren Wahnwitz religiöser Spaltungen aufgerufen, die im Glauben an *einen Gott und aller Vater* [286] aufzuheben seien. Die Premiere im Berliner Theater wird ein *veritables Fiasko* [287]. Auch das zweite Stück, mit dem er dem deutschen Geschmack entgegenzukommen glaubte, *Die Nachtigall von Wittenberg (Näktergalen i Wittenberg*, 1903), wurde nicht angenommen und erst nach Strindbergs Tod aufgeführt.

Schon mit diesem Luther-Drama, in dem außerdem Figuren wie Ulrich von Hutten, Philipp Melanchthon, Erasmus, Hans Sachs und Doktor Faust erscheinen, versuchte Strindberg sein Programm über die nationale Geschichte hinauszuführen. Der Essay *Die Mystik der Weltgeschichte (Världshistoriens mystik*, 1903) sollte ihn theoretisch absichern, doch die Absicht, die Personen als Subjekte der Geschichte zu entmündigen und zum bloßen Instrument göttlicher Fügung, eines *bewußten* und *transzendenten Willens* zu machen, *der die Schicksale der Völker von oben herab hinlenkt auf ein bewußtes Ziel, das nur der Führer vollständig kennt* [288], war fragwürdig und mußte die dramatische Überzeugungskraft untergraben. Die *welthistorischen Dramen Moses (Genom öknar till arvland)*, *Sokrates (Hellas)* und *Christus (Lammet och vilddjuret)* wurden 1903 vollendet und blieben liegen; mit ihnen kam Strindbergs dramatisch fruchtbarste Phase zum Erliegen.

Populär wurde eine Sammlung von *Märchen (Sagor*, 1903), auch wenn sie das Vorbild Hans Christian Andersen nicht erreichen. Am bemerkenswertesten unter den eigenwillig erzählten Geschichten ist *In Mittsommerzeiten (I midsommartider)*, in der eine Mutter mit ihrer kleinen Tochter vom Leben zu den Inseln der Toten hinüberwechselt. Strindberg hatte die Märchen für *Lillan, die Kleine*, Anne-Marie, geschrieben und das Manuskript Harriet geschenkt, die seit der Geburt «eingefangen... in einem Bauer» saß. [289]

Harriet weigert sich, ihre Ansprüche ans Leben für Strindberg aufzugeben. Nach einem Streit im März 1903 ruft sie den Anwalt an, um sich scheiden zu lassen, und zieht aus. Er ist wieder allein in der Wohnung am Karlavägen und empfindet, als sie fort ist, *unbeschreibliche Ruhe* [290]. Die Trennung nimmt der Ehe die giftige, durch Abhängigkeit voneinander entstandene Atmosphäre; das Verhältnis wird fortgesetzt: *Jetzt erleben wir, ich und sie, die beste Zeit, die wir je gehabt haben! Harmonie in jeder Beziehung! Wir wohnen getrennt, treffen uns aber mit Lillan jeden Mittag und Abend*, schreibt er im Oktober ins Tagebuch. [291] Doch sie streiten und vertragen, trennen und treffen sich wieder – bis Harriet 1904, völlig ent-

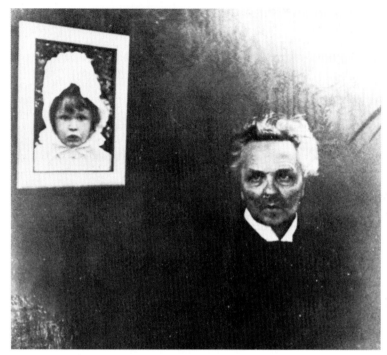

Strindberg vor dem Foto Anne-Maries, der Tochter aus der Ehe mit Harriet Bosse, im Jahre 1912

nervt, auf die Scheidung dringt. Auch nach der Aufhebung ihrer Ehe am 27. Oktober 1904 geben sie ihre Liaison noch jahrelang nicht auf, bis Harriet sich mit dem Schauspieler Gunnar Wingård verlobt. Strindberg will die Vorstellung nicht in sein Gehirn lassen und bombardiert Harriet, obwohl sie sich jeden Kontakt verbittet, mit Briefen. Er ist sicher, daß sie zu ihm gehört, da er in nächtlichen Halluzinationen lebhafte erotische Begegnungen mit ihr zu haben glaubt; er führt sogar Buch über seine telepathischen Vereinigungen mit Harriet. Die Projektion auf diese Frau, die als einzige die Erinnerung an Siri verdrängen konnte, ist maßlos: Er besetzt sie vollständig, wähnt aber, diese Bindung seelischer Energie gehe von ihr aus. Ohne im entferntesten zu zweifeln, macht er sie zum Urheber seiner Imaginationen.

Dem Zustand wird ein Ende bereitet, als Harriets Bräutigam einen heftigen Brief ins Haus schickt: *Er drohte damit, mich zu erschießen, wenn ich H-t weiter «verfolgte».*[292] Am 24. Mai 1908 heiratet Harriet wieder; sie ist Strindberg nie mehr begegnet.

Die kleine Taschenlampe Hoffnung

Der revolutionäre Geist Strindbergs, der völlig spiritualisiert erschien, war keineswegs verdampft. Er war destilliert durch die religiöse Entwicklung, die er durchgemacht hatte, auch bereichert durch sie, aber er rumorte weiterhin, trotz der 55 Jahre, die Strindberg zählte, als er im Januar 1904 dem Verleger Hugo Geber mitteilte: *Also geht es als nächstes um den Roman Die Götischen Zimmer; hoc est Fortsetzung des Roten Zimmers, dessen Verleger Du bist.*[293]

Gebers Verlag, der 1903 bis 1905 die *Gesammelten Dramen* herausgab, und der nach Albert Bonniers Tod von Karl Otto Bonnier geführte Bonnier-Verlag, der nun eine Gesamtausgabe vorbereitete, standen Strindberg wieder offen, nachdem der Gernandt-Verlag, der die Option auf seine neuen Werke besaß, Konkurs gemacht hatte. Nicht weniger als vierzehn Buchtitel waren 1904 in Schweden auf dem Markt; besondere Verbreitung fand Strindberg durch wohlfeile Taschenausgaben, die damals aufkamen.

Die Götischen Zimmer, nach denen der bei Geber erschienene Roman (*Götiska rummen. Släktöden från sekelslutet – Familienschicksale aus dem Jahrhundertende*) heißt, befanden sich, wie einst das *Rote Zimmer*, in «Berns' Restaurant» in Stockholm. Schon der Name besagt, was sich seit dem «roten» 1879 geändert hat: das ehemalige Bohème-Lokal hat ein altnordisches Gesicht im historisierenden Renaissancestil bekommen, ist eine Heimstatt für die zufriedenen Romantiker und nationalistischen Spießer der oscarianischen Gesellschaft geworden, die in Schweden einen ähnlichen Ruf genießt wie in Deutschland der Wilhelminismus: als ein Reich verlogener Moral, kriecherischen Untertanengeistes und imperialer Gebärden. Der Roman, der mit einem Altherrentreffen jener Generation beginnt, die *vor fünfzehn Jahren im Roten Zimmer gesessen haben*[294], ist eine satirische Sittenschilderung und Bilanz der verstrichenen Zeit. Die Reformen haben nach Strindberg zum wirtschaftlichen Hazardspiel (*Wovon lebt Schweden? – Vom Pump*) und politisch zum völligen Durcheinander geführt: *Die Kammer war ein Reichstag wie im alten Rom, mit Patriziern und Plebejern, im großen und ganzen. Bei näherem Hinsehen zeigte sich allerdings, daß die Plebejer die Übermacht hatten, und das mußte einen Liberalen freuen; doch bei noch näherer Betrachtung ent-*

deckte man, daß die Plebejer konservativ waren.[295] *Dem Sozialismus, der eigentlich Christentum war, wurde von den Atheisten gehuldigt, und die Christen waren Kapitalegoisten; die Bauern waren Royalisten, schwächten jedoch die Königsmacht; die Royalisten spielten Liberale, und der Monarch war Freihändler, freikirchlich, und galt als freisinnig. Es war die babylonische Verwirrung, die Auflösung aller älteren Begriffe.*[296] Von der allgemeinen Perversion, an der die Frauenemanzipation natürlich erheblichen Anteil habe, bleibt das Privatleben nicht verschont. Strindberg demonstriert das an den inneren Kämpfen einer Journalistenfamilie, deren liberal und sozialistisch gesinnte Mitglieder Unmenschlichkeiten auf die Tagesordnung gesetzt haben. Immer wieder unterbrechen Räsonnements den locker geflochtenen, chronologisch oft unstimmigen Erzählstrang, der nur die Aufgabe zu haben scheint, am Beispiel nachzuweisen, wie die neue Ideologie das Leben von Blutsverwandten vergiftet, Liebe gefährdet und Existenzen vernichtet. Diese literarisch angreifbare Darstellung des schwedischen Fin de siècle stieß auf soviel Widerstand[297], daß Strindberg sich erneut herausgefordert sah. Bereits Ende 1904 ließ er *Die schwarzen Fahnen* (*Svarta fanor*) folgen, *Sittenschilderungen von der Jahrhundertwende, entsetzlich, nach der Natur. Drei Verleger haben... abgelehnt.*[298] Erst Mitte 1907 erscheinen sie bei Björck & Börjesson. Die Auseinandersetzung ist hier auf jene Literaturgesellschaft verengt, die sich in den achtziger Jahren als «Junges Schweden» gebildet, Strindberg aber als Abtrünnigen ausgestoßen hatte. Nun sang er ihr das bitterböse

Arnold Böcklin: «Die Toteninsel», 1880

Grablied. Die Angegriffenen, darunter der Literaturprofessor und Kritiker Karl Johan Warburg, die Frauenrechtlerin und Verfasserin der berühmten Schrift «Das Jahrhundert des Kindes», Ellen Key, und vor allem Gustaf af Geijerstam, waren leicht zu identifizieren. Geijerstam, von dem Strindberg seit dem Konkurs des Gernandt-Verlags immer weiter abgerückt war, wird unter dem in Anklang an E. T. A. Hoffmann geprägten Namen Klein-Zachris als Prototyp eines literarischen *Vampirs* geschildert, der in einer faulenden Kultur Karriere auf Kosten größerer Begabungen macht. Strindberg kannte keine Hemmungen ihm gegenüber; er verstand sich als gedemütigter, rechtmäßiger Ankläger eines *verrotteten Zeitalters mit seinen erbärmlichen Fahnenträgern*[299]. Es gibt in dieser Romansatire, die zu Unrecht nur als infame Schlüsselerzählung und Kolportage begriffen wurde, den Gegenentwurf: Die verständigsten Männer ziehen sich in ein *Kloster* zurück, wo sie in ethischer und geistiger Integrität Wissen pflegen und Ordnung in Seele und Welterkenntnis bringen. Draußen geht die falsche Welt zugrunde – auch Zachris' morphiumsüchtige Frau, die ihn peinigt, verreckt buchstäblich an seiner Seite, während er selbst und mit ihm der «Vampirismus» überlebt. Doch ballt sich der allgemeine Abfall wieder zu Komposthaufen, auf denen etwas Lebendiges wachsen könnte...

Bis dahin bleibt das Kloster das rechte Versteck. Mit anderen Worten: Das *Kloster* ist Strindbergs Arbeitsplatz, der ihm beim Schreiben eine Zuflucht vor der profanen Welt und den Dialog des Denkenden mit sich selbst bietet, die fortwährende *Synthese* seines Materials, seiner Lebenserfahrung. Variation und Neukombination der aus unterschiedlichen Quellen gespeisten *Inferno*-Theorien bleibt das Mittel, auch in den 1905 und 1906 fertiggestellten *Schwedischen Miniaturen* und *Neuen schwedischen Schicksalen*; und das Ziel der *Synthese* ist am Ende kein philosophischer, gar systematischer Entwurf, sondern eine Sammlung von Analysen, Spekulationen und Miszellen zu den verschiedensten Wissensgebieten, die er *Ein Blaubuch* (*En blå bok*) nennt. Ab 1907 erscheint diese sehr private, eklektische Enzyklopädie seiner Weltanschauung in mehreren Bänden. Die Idee, ein «*Breviarium universale*», ein *Erbauungsbuch für Bekenner aller Religionen*[300] zu schaffen, fand er bei Goethe. Das erste Buch ist Swedenborg, *dem Lehrer und Leiter* gewidmet; viele der Meditationen sind als Gespräche eines Schülers mit seinem Lehrer formuliert. Der Eleve hat Strindbergs Alter und ist noch unvernünftig wie dieser im Leben; der greise Lehrer aber, die Reinkarnation Swedenborgs, scheint wiederum kein anderer als ebenfalls Strindberg zu sein. Der Dichter regiert das *Kloster*.

Mit Haß und Gemeinheit, die er an sich selber kennt, versucht er im letzten Teil, dem *Buch der Liebe*, aufzuräumen, damit fertig zu werden wie die ehrenhafte Hauptfigur seiner Novelle *Der Sündenbock* (*Syndabocken*, 1907), die den Philistern einer biederen Kleinstadt jedoch so fremdartig

*August Falck neben der Strindberg-Büste von Carl Eldh
im Foyer des Intimen Theaters*

vorkommt, daß man ihm alles Schlechte zutraut. Libotz zieht die Sünden der selbstgerechten Provinzler, der Erdenbewohner, an und trägt sie für diese, unschuldig, aber gefaßt. Am Ende treibt es ihn *wieder hinaus, auf die Landstraße, neuen Schicksalen entgegen, die er ahnte, aber nicht mehr fürchtete*[301].

Strindberg ahnte, daß seine *Landstraße* ihn nicht mehr lange tragen würde. Das *Blaubuch* verstand er als Testament, in den verschiedenen literarischen Gattungen versuchte er überall sein letztes Wort zu sagen. Es ist anzunehmen, daß Strindberg sich sehr bewußt *zur letzten Reise rü-*

sten wollte.[302] Thema der Erzählung *Richtfest* (*Takslagsöl*, 1907) ist der Weg durch die Zone zwischen Diesseits und Jenseits. Im Spital dämmert, vom Morphium halbbetäubt, ein Sterbender dahin. Das ganze Leben, glaubt Strindberg, laufe in den letzten Tagen noch einmal vor uns ab und gebe Gelegenheit, uns mit dem Gewesenen zu versöhnen. Gegenwart und Erinnerungen verschwimmen zu einem einzigen Bilder- und Bewußtseinsstrom, in dem die letzte Verständigung des Kranken mit sich selbst stattfindet. *Richtfest* ist ein von wenigen epischen Unterbrechungen aufgehaltener, innerer Monolog, in Technik und an Intensität nur vergleichbar mit ähnlichen Meisterstücken von Arthur Schnitzler und James Joyce. *Er streckte sich aus*, so endet die Erzählung, *holte einige Male tief Atem und schlief ein, wie es aussah, schlief ein, aber er starb. Und so lag er da, lächelnd, als sähe er lauter schöne Dinge, grüne Wiesen, Kinder und Blumen, blaues Wasser und Flaggen im Sonnenschein.*[303]

Eine heitere, anmutige Landschaft, eine Insel der Seligen ist für Strindberg das Reich, das die Verstorbenen erwartet. Daß er *das Interesse am Leben verloren habe und das Ende ahne*, schrieb er im April 1907 an Schering[304] – doch das Leben rief ihn nochmals zurück.

1906 lief mit starkem Echo eine Tourneeaufführung von *Fräulein Julie* durch die schwedische Provinz. Als der Leiter der Truppe, der Schauspieler August Falck, bei Strindberg wegen der Rechte für ein Stockholmer Gastspiel anfragte, wurde er sofort vorgelassen und wie ein Sendbote der *Mächte* empfangen: *Sie heißen August! Sie heißen Falck! Willkommen!*[305] – *Falk* war die Romanfigur, in der Strindberg sich mehrfach selbst porträtiert hatte. Er diskutierte mit seinem Gast sofort «auch die Möglichkeit, ein intimes Theater in Stockholm zu gründen». Diesmal wurde aus dem Traum Wirklichkeit; am 26. November 1907 wurde das «Intime Theater» in einem Lagerraum an der Norra Bantorget eröffnet:

«Mitleid und Furcht», so forderten die Alten / fürs Trauerspiel, Teilnahme für die Geprüften, / wenn göttlicher verborg'ner Rat erschüttert / der Menschenkinder Schicksalswege. / Wir Neueren ändern etwas den Ton / Humanität, Resignation / auf Reisen von des Lebens zu des Todes Insel!

hieß es im Prolog.[306] Strindberg, der 10000 Kronen für das Unternehmen vorschoß, begleitete alle Aktivitäten mit starkem Interesse. Er kümmerte sich, manchmal uneingeladen, um Ausstattung und Besetzung, versuchte sich als Regisseur und Dramaturg, der in *Briefen an das Intime Theater* programmatische Hinweise gab und sogar Regeln der Schauspielkunst aufsetzte. Vor allem aber schrieb er neue Stücke, die für den kleinen, nur 160 Plätze fassenden Raum mit flacher Bühne geeignet waren.

Für dieses Theater gab es, nach dem französischen Modell André Antoines, nun auch ein deutsches Vorbild: Max Reinhardt hatte 1902 in Berlin den Schritt vom «Schall und Rauch»–Brettl zur eigenen Bühne getan und sein «Kleines Theater» mit den Einaktern *Das Band* und *Die Stärkere* eröffnet – Auftakt einer Serie von Strindberg-Inszenierungen, die den

Der Bruder Axel Strindberg

Dichter endgültig durchsetzten. Reinhardts und Rudolf Bernauers Bemühungen um die szenische Verwirklichung seines Werks führten dazu, daß Strindberg «im Krieg die Theater beherrscht» hat, wie Ludwig Marcuse in seiner Autobiographie schreibt.[307]

August Falck gibt sehr lebendige Schilderungen von Strindbergs Alltag, von durchzechten und dennoch nicht entgleisten Nächten, von seiner spleenigen Ordnungsmanie und Herrschsucht in Kleinigkeiten, mit der er ein Dienstmädchen nach dem anderen verscheuchte. Falck beobachtete ihn sogar bei der Arbeit: «Er schrieb in rasender Fahrt, riß die fertigen Bogen vom Tisch und warf sie ungelöscht auf den Fußboden, wo ich sie aufsammeln... und sie lesen durfte.»[308] Strindberg nahm Falck sogar auf die sonst geheiligten Morgenspaziergänge mit, bei denen dieser einmal vor einem niedergebrannten Gebäude den Ursprung einer dramatischen Idee miterleben konnte: «Eine Menge Mobiliar stand auf dem Hof... Strindberg hatte augenblicklich den szenischen Effekt eines kahlen Apfelbaums entdeckt, dessen Blüten durch die Hitze des Brandes aufgebrochen waren...»[309] Der Dramatiker, dessen Aufmerksamkeit das Bild zum Sinnbild erhob, fand hier den Schauplatz für sein Kammerspiel *Die Brandstätte* (*Brända tomten*, 1907). Die rußigen Trümmer sind dort Symbol einer verkommenen Gemeinschaft, in der Mißtrauen, Betrug und Rufmord alle Sinne verdunkelt haben. Nur der Fremdling, der nach 30 Jahren heimkehrt, nimmt die Schändlichkeit, die sich eingenistet hat, um so deutlicher wahr. Er entlarvt unter seinen Verwandten die Brandstifter und Denunziatoren. Dann geht er wieder fort, um eine erschütternde Erfahrung reicher: Das vergoldete Bild, das er sich unterwegs vom Elternhaus gemacht hatte, war pure Täuschung: Sein Leben war ein Traum gewesen.

Das *geheime Programm* der vier Kammerspiele von 1907 war, *die Idee der Kammermusik auf das Drama zu übertragen. Das intime Verfahren, das bedeutungsvolle Motiv, die sorgfältige Behandlung*; er wollte sie *ohne alle berechnenden Effekte, Applausstellen, Glanzrollen, Solonummern* aufgeführt wissen.[310] Seit der Jahrhundertwende lud Strindberg regelmäßig einen engen Freundeskreis zu musikalischen Soireen mit seinem Bruder Axel am Klavier ein, die meistens Beethoven gewidmet waren. Er beschäftigte sich jetzt häufig mit Kompositionen, sogar mit einer Reform der musikalischen Notierung, und Beethovens «Appassionata» und «Mondscheinsonate» waren für ihn *das Größte*[311]. Ihre Prinzipien versuchte er ins Theater zu übersetzen; den Kammerspielen gab er sogar Opuszahlen. Opus 1 war *Wetterleuchten* (*Oväder*, eig. *Unwetter*). Darin begegnet ein älterer Herr, der sich auf den Lebensabend vorbereitet, der Frau wieder, die ihn verlassen hatte. Als ihr neuer Mann sich nach zweifelhaften Geschäften aus dem Staube macht, sucht sie mit ihrer Tochter Schutz bei dem Herrn. Der aber entläßt sie ins Ungewisse, während er selbst sich frohen Herzens seiner Einsamkeit überläßt. Der selbstgerechte Schluß ist verständlich nur durch die nervenaufreibende Beziehung zu Harriet, der er mit diesem Stück eine letzte Warnung erteilen wollte.

Ungleich bedeutsamer ist *Die Gespenstersonate* (*Spöksonaten*); der Titel bezieht sich auf Beethovens d-moll-Sonate op. 31,2 («Der Sturm»). Wieder ist es eine Hausfassade, die für die Gesellschaft steht. Doch nicht wahre *Oberklasse* bewohnt das luxuriöse Gebäude, dessen Mauern schon Risse zeigen, sondern ein Hochstapler, eine Mumie und eine lebensunfähige Tochter. Höhepunkt in der surrealen Szenerie ist die Entlarvung eines Entlarvers, des angeblichen Wohltäters Hummel, dessen Lebenselexier das Unglück anderer ist; im letzten Akt verflackert das in dieser

Blick auf die Bühne des Intimen Theaters in Stockholm

Szene aus «Ostern» im Intimen Theater, 1908

Umgebung todgeweihte Leben der Tochter. *Die Gespenstersonate* ist Strindbergs bizarrste Symboldichtung, ein unheimliches Gleichnis des Verfalls, der verfaulenden «Stützen der Gesellschaft». In *Der Pelikan* (*Pelikanen*, deutsch auch: *Der Scheiterhaufen*) geht die alte Welt im Feuer unter: die einzige Chance zu einer Befreiung. In dieser schwarzen Groteske rechnet Strindberg ein letztes Mal mit einer Frau ab, die sich als selbstlose Mutter aufspielt, in Wahrheit aber die Blutsaugerin der Familie ist. Ein fünftes Kammerspiel, *Die Toteninsel*, bleibt Fragment.

Der Tod aber rückte näher. Seit dem Frühjahr 1908 klagte Strindberg über *Spannungen unter der Brust*[312], deren Ursache er zunächst Harriets telepathischen Zudringlichkeiten anlastete. Aber die *Sprengungen im Epigastrion*[313] werden schlimmer, und bald verdichtet sich die Gewißheit, daß er todkrank ist: *Ich habe sicher Magenkrebs, von den 24 Stunden leide ich 12 Stunden lang Qualen und kann allmählich nicht mehr essen und schlafen.*[314] Doch macht sich das Leben nicht nur durch infernalische Schmerzen bemerkbar. Im Mai 1908 schreibt er Harriet, Falck werde *Schwanenweiß* mit einem *Kind von siebzehn Jahren* aufführen, *das Dir gleicht, das lächelt wie Du, aber schwermütig ist.*[315] Dies Kind heißt Fanny Falkner. Durch die Schauspielerin Manda Björling kam Fanny mit dem Intimen Theater in Berührung und übernahm dort, obgleich sie Malerin, nicht Schauspielerin werden wollte, gelegentlich stumme Rollen. Als Strindberg sie sah, hielt er sie sofort für die ideale Verkörperung seines *Ostermädchens* Eleonora und versuchte, sie gegen Falcks und ihre eigene Überzeugung als Darstellerin aufzubauen. Er schlug sogar Harriet vor, sie in ihre Obhut zu nehmen. Dazu kam es natürlich nicht, denn die Trennung von ihr war endgültig geworden; und Fanny sollte nun den leergewordenen Platz einnehmen. Die Erinnerung an Harriet wollte Strindberg löschen. Er versiegelte 1908 sein *Okkultes Tagebuch*, verließ die Wohnung am Karlavägen und veräußerte die Einrichtung, um in ein möbliertes Quartier im dritten Stockwerk der Drottninggatan 85 einzuziehen – sein letzter Wohnsitz, der heute die Strindberg-Gesellschaft und ein Museum beherbergt. Fanny bewohnte mit ihrer Familie die Etage darüber; ihre Mutter beköstigte Strindberg, der außerdem bis zu seinem Tod von der Haushälterin Mina versorgt wird. Im *Blauen Turm*, wie er das moderne Eckhaus von der Jahrhundertwende taufte, zog er Fanny eng an sich. Er beschäftigte sie als Sekretärin, finanzierte ihr einen Erholungsurlaub und spielte mit dem Gedanken an eine neue Ehe: *... das wache Leben läßt dich hoffen, / daß seine Gattin sucht der Gatte*[316] sind die Schlußworte der orientalischen Märchenkomödie *Abu Casems Pantoffeln* (*Abu Casems tofflor*, 1908). Strindberg verbindet darin die Geschichte vom geizigen Kaufmann, den seine abgelegten Pantoffeln mit Unheil verfolgen, mit der Werbung des Prinzen Guri um die schöne Suleika – sie hat den gleichen Namen wie Goethes weibliches Ideal im «West-östlichen Divan»; und in der eigenen Romanze macht Strindberg Fanny zu seiner

129

Fanny Falkner als Judit in «Der Todestanz».
Intimes Theater, 1909

Marianne von Willemer. Wirklicher Ernst aber wird aus der Altersliebe nicht. Sehr gefaßt nimmt er zur Kenntnis, daß das Mädchen seinen Angeboten ausweicht. 1910 zieht sie mit ihrer Familie fort, und Strindberg ist wieder allein.

Auch das Interesse am Theater erlahmt. Zu seinem 60. Geburtstag spielt das Dramatische Theater eine 1908 geschriebene Historie. *Der letzte Ritter* (*Siste riddaren*), der er noch zwei Geschichtsdramen, *Der Reichsverweser* (*Riksförestandaren*) und *Der Jarl von Bjälbo* (*Bjälbo-Jarlen*) folgen läßt. Mit der lyrischen Phantasie *Der schwarze Handschuh*

(*Svarta handsken*, 1909) geht seine Tochter Greta auf Tournee. 1909 beendet er sein dramatisches Werk mit dem Stationendrama *Die große Landstraße* (*Stora landsvägen*), das noch einmal, in sinnbildhaften Szenen, die Wanderung seines Lebens rekapituliert – bis hin zur *letzten Pforte* und zum *dunklen Wald*. Hier gibt sich *Der Jäger* in die Hand des Herrn: *O segne mich, der litt am meisten – / der litt am meisten unterm Schmerz, / nicht sein zu können, der er wollte sein.*[317] Wie ein Selbstgespräch des Dichters, ein auf verschiedene Figuren verteilter Monolog, in dem der widrigen und törichten Welt Adieu gesagt wird, erscheint dieser Abschied vom Drama.

Zunehmende Querelen mit Falck über Finanzen und Organisation führen am 11. Dezember 1911 zur Schließung des Intimen Theaters. Das Haus hatte zwar keinen ökonomischen, aber doch erheblichen künstlerischen Gewinn erbracht: in rund 1000 Vorstellungen waren hier 24

Strindberg in seiner Bibliothek im «Blauen Turm», 1911

Heidenstam im Kostüm Karls XII. beim Angriff auf Strindberg.
Karikatur von P. Lindroth in «Söndags-Nisse», 5. März 1911

Stücke Strindbergs aufgeführt worden, hinzu kamen Gastspiele und Tourneen. August Falck machte aus seinem Ensemble wieder eine Wandertruppe und zog noch zwanzig Jahre durch Schweden.

1909 traten die sozialen Konflikte zutage, die vom Hurra-Patriotismus der Regierung Oscars II. überdeckt worden waren. Sein Sohn Gustav V., der 1907 den Thron bestiegen hatte, konnte die Massenstreiks, an denen sich fast 300000 schwedische Arbeiter beteiligten, nicht verhindern. Die konservative Regierung des Admirals und Industriellen Arvid Lindman schaffte mit drakonischen Maßnahmen zwar kurzfristig Ruhe, trug damit aber auf längere Sicht nur zur Kräftigung der proletarischen Bewegung und zum Sieg der Sozialdemokraten unter Hjalmar Branting bei. Sie zogen nach den Wahlen von 1909 mit 64 Sitzen in den Reichstag ein.

Im April 1910 bot Strindberg sich der neugegründeten «Afton-Tidningen» als Mitarbeiter an und äußerte sich nun in einer Serie von Artikeln zu kulturellen und politischen Fragen. Er entfachte mit seinen provozierenden Behauptungen – angefangen mit dem Aufsatz *Pharaonenkult*, der das Thema der reaktionären Vergötterung Karls XII. aufgriff – einen heftigen Pressestreit, der als «Strindberg-Fehde» (Strindbergsfejden) in die Annalen eingegangen ist. Seine giftige Kritik am schwedischen Chauvinismus, sein pazifistisches Engagement, sein Einspruch gegen Aufrüstung und politischen Betrug, seine oft auch ungerechtfertigten Beschuldigungen forderten empörte und haßerfüllte Erwiderungen der Angegriffenen, darunter Verner von Heidenstam und der Asien-Forscher Sven Hedin, heraus, sicherten ihm aber auch große Sympathie in der Arbeiterbewegung und bei der sozialdemokratischen Jugend. Seine Essays gab er bald nach Erscheinen in den Sammelbänden *Reden an die schwedische Nation* (*Tal till svenska nationen*), *Der Volksstaat* (*Folkstaten*), *Religiöse Renaissance* (*Religiös renässans*, alle 1910) und *Der Kurier des Zaren* (*Czarens kurir*, 1912) heraus.

Persönliche Kränkungen waren bei Strindberg stets mit im Spiel. Obwohl er sich schon 1902 und 1903 mit der Schwedischen Akademie angelegt hatte[318], fühlte er sich übergangen, als nun Selma Lagerlöf und nicht

Fackelzug der Arbeiter zu Strindbergs Ehren am 22. Januar 1912.
Zeichnung von O. Lindeblad

er den Nobelpreis erhielt; er fühlte sich zurückgesetzt, als Sven Hedin ausgerechnet zur Zeit von Strindbergs 60. Geburtstag von einer Expedition heimkehrte und alle Aufmerksamkeit auf sich zog. Oft fehlen seinen Angriffen daher wirkliche Handhaben und fundierte Beweise; fragwürdig war auch seine Vermischung von Politik und Religiosität – Hjalmar Branting wollte von diesem «mystischen» Hokuspokus nichts wissen. Dennoch veranstaltete der sozialdemokratische Jugendverein eine Sammlung für Strindberg; dennoch stand am 12. Mai 1912 die gesamte sozialdemokratische Reichstagsfraktion an seinem Grab. Seine Appelle ans kulturelle Gewissen, seine Zweifel am Fortschrittsglauben, seine Warnungen vor aggressiver Aufrüstung, die gleichzeitig mit dem Feindbild Rußland geschürt wurde, wurden ernst genommen; sie sind wichtiger als das Gezänk und der Krieg der Eitelkeiten in der Strindberg-Fehde.

Die Sammlung, von der eben die Rede war, hatte nicht in erster Linie Spendencharakter, sondern war eher als ein Gegen-Nobelpreis gedacht; ihre Durchführung wurde deshalb in die Hände eines politisch unverdächtigen Komitees gelegt. Einen solchen Preis, ließ sich Strindberg in der «Afton-Tidningen» vernehmen, würde er für seine *literarischen Verdienste, aber ohne demütigende Bedingungen* akzeptieren. *Sollte die Sache indessen eine politische Färbung bekommen, ziehe ich mich zurück.*[319] Die 45000 Kronen, die ihm schließlich überreicht wurden, verteilte Strindberg, der durch Bonnier mittlerweile abgesichert war, an die organisierten Arbeitslosen, an Opfer der Kinderlähmung, an den Friedensverein und den sozialistischen Jugendbund.

Wie populär er mittlerweile geworden war, durfte er am Abend seines 63. Geburtstags am 22. Januar 1912 erleben. Die Stockholmer Arbeiter ehrten ihn mit einem Fackelzug, dem sich 10000 Menschen anschlossen. Auf seinem Balkon nahm Strindberg diese größte Huldigung seines Lebens bewegt entgegen.

Seit dem Sommer 1911 hatten sich die Krankheitsbeschwerden wieder verstärkt, 1912 wurden sie unerträglich. Nur mühsam setzte er seine Arbeit gegen den wuchernden Magenkrebs durch. Mit dem Geld, das er von Bonnier für die Rechte an seinem Werk erhielt, versorgte er die Kinder aus seiner ersten Ehe, mit denen er im *Blauen Turm* wieder Kontakt pflegte, und – Siri. Sie nahm überrascht und gerührt die Scheine in Empfang, doch lange konnte sie nicht mehr davon zehren: Am 21. April stirbt sie. Am 14. Mai 1912 schließt August Strindberg nach einem langen und schmerzhaften Todeskampf für immer die Augen.

Die sprachkundlichen Untersuchungen, denen er sich trotz schwindender Kraft in seinen letzten Jahren mit Feuereifer gewidmet hatte, sind, wissenschaftlich gesehen, bloße Kuriositäten. Hier, wie so oft auch in den Naturwissenschaften, spielte ihm sein genuin magisches und poetisches Analogiedenken Streiche. In *Die Wurzeln der Weltsprache* (*Världsprakens rötter*, 1911) oder *Die Herkunft der chinesischen Sprache* (*Kinesiska*

134

Das letzte Foto, April 1912

språkets härkomst, 1912) versuchte er, antike und moderne Sprachen auf Grund von onomatopoetischen Ähnlichkeiten aus einer gemeinsamen Ursprache abzuleiten. Diese Mutter aller Lautungen war für ihn das Hebräische, und seine Forschungen bestätigten ihn in dem Glauben, nur als Christ könne man zum Grund des Seins vorstoßen oder zu den «Quellen allen Lebens» zurückkehren; das Bekenntnis zum jüdischen Ursprung aller Kultur nimmt, letztendlich, auch alle seine antisemitischen Ausfälle zurück.

August Strindberg war ein unersättlicher Verwerter von Eindrücken, künstlerischen, politischen und ideologischen Tendenzen. Sein Werk ist ein Panoptikum der Entdeckungen und der Verstiegenheiten des 19. Jahrhunderts. Dennoch war er kein Chamäleon des Zeitgeistes; seine sprunghaften, widersprüchlichen Metamorphosen heben die außerordentliche Stärke und Unverwechselbarkeit nicht auf, die sich zu keiner Zeit opportunistisch, sondern stets mit Widerspruchsgeist ins Werk setzte. Sein Umgang mit den Lehren und Moden seines Zeitalters war höchst störrisch und diktatorisch; er selbst konnte daher, allen seelischen Schwankungen zum Trotz, eine zeitbestimmende Figur werden. Auch seine psychischen Defekte sind nicht nur individuelle Leiden, in ihnen

Der Trauerzug in der Nortullsgatan, Stockholm 1912

wird Zeit-Charakter durchsichtig: Das heikle Spiel mit übergroßen Rollen, der Nervenkrieg, die Selbstquälerei, die Selbstinszenierung des Erkrankten machen Strindberg ebenfalls zu einem typischen Repräsentanten seiner Epoche, zur «personifizierten Summe aller Zeiterscheinungen», wie Ludwig Marcuse ihn einmal genannt hat.

Durch die enzyklopädische Vielfalt seiner Interessen und durch die Umtriebigkeit dieses rastlosen Wanderers auf dem geistesgeschichtlichen Globus ist ein Grundzug, die Triebkraft seines Schaffens nur schwer auszumachen, daß nämlich Strindberg sich der so gigantischen wie vergeblichen Anstrengung unterzogen hat, die Vielzahl der Forschungsgebiete und Zeiterscheinungen zu ordnen und in sinnvolle Beziehung zu bringen. Die Blockierung der literarischen Kräfte, die zur «Inferno-Krise» führte, ist der erkannten, aber nicht bewältigten Aufgabe geschuldet, den Rationalismus der Aufklärung zu überwinden, ohne seine Errungenschaften abzutun. Strindberg hat sich dem blinden Glauben an technischen und ökonomischen Fortschritt widersetzt, er war weitsichtig genug, die Katastrophe der herrschenden Ideologien im voraus zu begreifen, und er hat versucht, als Alternative wissenschaftliches und mythologisches Weltbild zusammenzuzwingen und im Geiste christlicher Mystik zu versöhnen. Nicht von ungefähr hat Strindbergs Werk in der jetzigen Krise des Rationalismus wieder an Bedeutung zugenommen; da die zerstörerische Macht der Menschen sich endgültig in tödliche Ohnmacht zu verkehren droht, wird es, vielleicht zu spät, offenkundig, wie notwendig eine Korrektur des selbstgewissen abendländischen Weltverständnisses geworden ist.

Angesichts der ungeheuren und doch unbegriffenen oder schwer nachvollziehbaren Anstrengungen Strindbergs regen sich freilich auch Bedenken, ob eine solche Neuorientierung überhaupt möglich sei. Sein ganzes umfangreiches Werk ist, sub specie aeternitatis et humanitatis, nicht mehr als ein *Blinken der kleinen Taschenlampe Hoffnung* [320].

Anmerkungen

1 *Der Sohn der Magd.* Frankfurter Ausgabe (FA) IV, S. 18.
2 Michael Meyer: Strindberg. Oxford/New York 1987.
3 *Der Sohn der Magd,* FA IV, S. 19.
4 Anna Philp, Nora Hartzell: Strindbergs systrar berättar om barndomshemmet och om bror August Strindberg. Stockholm 1926, S. 12ff.
5 Vgl. Strindberg im Zeugnis seiner Zeitgenossen, S. VII, 7f, 19; entsprechend *Ögonvittnen,* S. 18ff.
6 FA IV, S. 40.
7 Vgl. Michael Meyer: Strindberg, S. 9.
8 FA IV, S. 44.
9 Ebd., S. 40.
10 Ebd., S. 56.
11 Ebd., S. 60.
12 Ebd., S. 77.
13 Nach Meyer: Strindberg, S. 14.
14 Erik Hedén: Strindberg, Leben und Dichtung, München 1926, S. 11, spricht von einem «Zwiespalt des Willens: er wollte eigentlich das eine, empfand jedoch eine unwiderstehliche Lust, das andere zu tun».
15 Vgl. FA IV, S. 849f, Anm. 99.
16 Vgl. Hedén: Strindberg, S. 21f.
17 FA IV, S. 93.
18 Ebd., S. 139f, S. 317 und S. 159.
19 Ebd., S. 169f.
20 Ebd., S. 173ff.
21 Anspielung auf das Jahr 1772, als Gustav III. die Macht der Parteien (der «Hüte» und der «Mützen») und des Stände-Parlaments brach. Gustav III. hatte außerdem die Befreiung der Bauern ermöglicht und 1789 einen Teil der Adelsprivilegien aufgehoben. Vgl. Wolfgang Dufner: Geschichte Schwedens. Stockholm 1967, S. 178ff.
22 FA IV, S. 17.
23 Vgl. FA IV, S. 204.
24 Ebd., S. 206f.
25 Ebd., S. 261.
26 Ebd., S. 262.
27 Vgl. Olof Lagercrantz: Strindberg. Frankfurt 1984, S. 38f.
28 FA IV, S. 248.
29 *Sieben Zyklen Gedichte* (Schering V,1), S. 15.
30 FA IV, S. 303.
31 *Ungdomsdramer.* Stockholm 1962, S. 52.
32 *Runa:* FA IV, S. 319f, Schering V,1, S. 19.
33 FA IV, S. 289.

34 Vgl. Michael Meyer: Strindberg, S. 43.
35 FA IV, S. 308f.
36 Ebd., S. 377.
37 *Hakon Jarl oder Idealismus und Realismus.* In: FA IV, S. 373.
38 Nach Erik Hedén: Strindberg, S. 41.
39 FA IV, S. 313.
40 *Dramen in drei Bänden.* Bd. 1, München 1984, S. 46.
41 Ebd., S. 63.
42 Ebd., S. 106.
43 Zit. n. Lagercrantz: Strindberg, S. 64.
44 *Der Sohn der Magd* III (*Im Roten Zimmer*). FA IV, S. 407.
45 Ebd., S. 434.
46 *Ein Lesebuch für die niederen Stände.* Hg. von Jan Myrdal. München 1970, S. 9.
47 Erik Hedén: Strindberg, S. 56.
48 Karl-Åke Kärnell: På språng i ver- kligheten. In: Strindberg. (Ausstellungskatalog) Stockholm 1981, S. 34.
49 *Heimatlos.* Gedicht in Schering V,1, S. 25.
50 FA IV, S. 251.
51 Ebd., S. 514.
52 FA IV, S. 513ff. – Dazu Lagercrantz: Strindberg, S. 69.
53 So im Gedicht *Segeln:* zit. n. Lagercrantz: Strindberg, S. 71.
54 *Er und Sie.* Schering VIII, 1, S. 6f.
55 Ebd., S. 10 u. S. 11.
56 Ebd., S. 240 (Brief vom 21.6.1886).
57 Ebd., S. 11.
58 *Das Plädoyer eines Irren.* FA V, S. 396.
59 *Er und Sie,* S. 35.
60 Ebd., S. 100 u. S. 101.
61 Ebd., S. 101.
62 Ebd., S. 106.
63 Ebd., S. 60f.
64 Ebd., S. 45.
65 Ebd., S. 57.
66 Ebd., S. 112 u. S. 116.
67 Ebd., S. 41.
68 Zit. n. Meyer: Strindberg, S. 71.
69 *Samlade skrifter* XXVI, S. 113.
70 *Das Plädoyer eines Irren,* S. 485.
71 Vgl. Lagercrantz: Strindberg, S. 105.
72 *Das rote Zimmer.* (Schering) München 1919, S. 411.
73 Ebd., S. 405f.
74 Vgl. ebd., S. 339ff.
75 Ebd., S. 128.
76 Strindberg zeichnet ein auch für den heutigen Tag glaubhaftes und durch

eigene Erfahrungen beglaubigtes Bild des Journalismus seiner Zeit, wenn er zumindest dem rechten Flügel das Programm unterstellt, *alles neue Gute zu verfolgen, alles alte Schlechte zu fördern, vor der Macht zu kriechen, die zu erheben, die Glück hatten, die niederzuschlagen, die in die Höhe wollten, den Erfolg zu verehren und das Unglück zu schmähen...* (Schering S. 149).

77 Ebd., S. 28.
78 Ebd., S. 238.
79 Ebd., S. 175.
80 Ebd., S. 262.
81 Ebd., S. 263.
82 Ebd., S. 295.
83 Strindberg i offentligheten I. Stockholm 1980, S. 1.
84 *Der Sohn der Magd* IV (*Der Schriftsteller*). FA IV, S. 551.
85 Ebd.
86 Vgl. Ronald Daus: Zola und der französische Naturalismus. Stuttgart 1976, S. 58.
87 FA IV, S. 433.
88 *Das rote Zimmer*, S. 420.
89 FA IV, S. 512.
90 Zit. n. Meyer: Strindberg, S. 84.
91 Ebd., S. 91.
92 *Svenska folket II*. Stockholm 1974, S. 402.
93 FA IV, S. 565.
94 *Svenska folket I*, S. 3.
95 FA IV, S. 557.
96 Strindberg i offentligheten, S. 180.
97 Aus den Briefen, die Strindberg im Sommer 1882 an Edvard Brandes schrieb, geht hervor, daß er schon vor dem Eklat mit *Das Neue Reich* daran gedacht hat, Schweden zu verlassen. Vgl. Meyer: Strindberg, S. 100 f.
98 Strindberg im Zeugnis seiner Zeitgenossen, S. 95.
99 Ebd., S. 98.
100 Ebd., S. 99.
101 Ebd., S. 73. Aus dieser Quelle stammt auch die im folgenden zitierte Bemerkung über Strindbergs Sorge für Siris Theaterlaufbahn.
102 Zit. n. Meyer: Strindberg, S. 122.
103 *Das Plädoyer eines Irren*. FA V, S. 570.
104 Ebd., S. 498.
105 *Romantische Dramen*. Schering I,2, S. 153.
106 Ebd., S. 195.
107 *Plädoyer*, S. 509.
108 *Der Sohn der Magd*. FA IV, S. 559.
109 *Interview* – Vorwort zu *Heiraten*, von Schering den *Romantischen Dramen* zugeordnet, S. 122. – *Giftas I–II*, Lund 1986, S. 27.
110 Ebd., S. 27.

111 Ebd., S. 10 f.
112 *Ein Lesebuch für die niederen Stände*. S. 112 ff. – Siehe auch *Märchen und Fabeln* (Schering III,4).
113 *Sieben Zyklen Gedichte*. S. 74.
114 Schering III,6.
115 Hélène Welinder, in: Strindberg im Zeugnis seiner Zeitgenossen, S. 105.
116 *Plädoyer*, S. 521.
117 Edvard Selander, in: Strindberg im Zeugnis seiner Zeitgenossen, S. 80 f.
118 Carl Larsson: Ich. Königstein 1985, S. 88.
119 *Interview*, (Lund), S. 9.
120 Ebd., S. 10.
121 *Heiraten*. Schering III,2, S. 29.
122 *Der Sohn der Magd*. FA IV, S. 606.
123 *Die Arrestreise*. Zit. n. Lagercrantz: Strindberg, S. 199.
124 In: *Schweizer Novellen*. Schering III, 2, S. 331. Die Textauswahl heißt dort *Schweizer Briefe*.
125 An Isidor Kjellberg, 15. 2. 1885. Nach Meyer: Strindberg, S. 144.
126 *Der Sohn der Magd*. FA IV, S. 597.
127 Nach Hedén: Strindberg, S. 127.
128 «Nils Nilsson Arbetskarls Schlußabrechnung mit dem schwedischen Gesetz», 1871–1876.
129 In: Tiden, 25. 8. 1884. Bei Myrdal in: *Ein Lesebuch für die niederen Stände*, S. 115 u. S. 118.
130 Bei Schering (III,2, 1926) als *Die Utopie in der Wirklichkeit*.
131 *Der Sohn der Magd*. FA IV, S. 662.
132 *Wie die kulturelle Tätigkeit überschätzt wird*. Myrdal: *Ein Lesebuch für die niederen Stände*, S. 82.
133 Ebd., S. 63.
134 Ebd., S. 84 u. S. 85.
135 Ebd., S. 90.
136 Siehe das Kapitel *Idealismus und Sozialismus*, in: *Der Sohn der Magd*. FA IV, S. 625 ff.
137 Ebd., S. 625.
138 Ebd., S. 626.
139 Ebd., S. 637.
140 Ebd., S. 662.
141 Ebd., S. 650.
142 Ebd., S. 641. – Siehe auch Brief an Gustaf Steffen, 21. 3. 1886, FA IV, S. 197.
143 FA IV, S. 645.
144 *Unter französischen Bauern*. Schering VI,1, S. 5.
145 An Bonniers am 20. 9. 1886. Siehe Lagercrantz: Strindberg, S. 222.
146 *Unter französischen Bauern*, S. 256.
147 FA IV, S. 644.
148 *Unter französischen Bauern*, S. 255.
149 Nach Meyer: Strindberg, S. 164.
150 Zum Teil identisch mit den *Schweizer Novellen*.

151 Bei Myrdal, in: *Ein Lesebuch für die niederen Stände*, S. 74.
152 Nach Meyer: Strindberg, S. 150.
153 FA IV, S. 783.
154 Ebd., S. 785. An Albert Bonnier am 4.7.1886.
155 FA IV, S. 610.
156 An Alexander Kielland, 29.11. 1886. FA IV, S. 754.
157 An Albert Bonnier, 12.5.1887. FA IV, S. 807.
158 FA IV, S. 749.
159 *Seelenmord*. FA V, S. 119.
160 Ebd., S. 118.
161 Als Strindberg Mitte Januar 1887 an den Bodensee zog, begrüßte er frenetisch das neue Gastland: *In Deutschland! ...Patriarchat und Manneszucht; Rekruten drei Ellen lang mit fetten Backen; Frankreich war Absinth und Selbstbefleckung; die Schweiz matriarchalisches Getändel. Hier leben noch Männer mit Glied am Leib. Ich bewundere Bismarcks Rede. Er ist der Realist, der moderne Geist.* An Verner von Heidenstam, um den 15.1.1887. FA V, S. 129.
162 FA V, S. 64.
163 In: Marianne Kesting und Verner Arpe (Hg.): August Strindberg über Drama und Theater. Köln 1966, S. 60.
164 An Albert Bonnier, 31.5.1886. FA IV, S. 784.
165 FA IV, S. 764.
166 An Axel Lundegård, 12.11.1887; Kesting und Arpe: August Strindberg, S. 84.
167 FA IV, S. 755.
168 An Edvard Brandes, 3.12.1886. FA IV, S. 755.
169 An Albert Bonnier, 6.2.1887. FA V, S. 839.
170 An Edvard Brandes, 22.1.1887. FA IV, S. 806.
171 An Axel Strindberg, 25.2.1887. FA V, S. 839.
172 3.6.1887. FA V, S. 137.
173 *Das Plädoyer eines Irren*. FA V, S. 570.
174 FA V, S. 152.
175 Ebd., S. 145.
176 An Pehr Staaff, 21.8.1887. FA V, S. 151.
177 Der heute durch die Übersetzung von Hans-Joachim Maass gebräuchliche Titel ist *Das Plädoyer eines Irren*. In Emil Scherings retouchierter Übertragung heißt das Werk *Die Beichte eines Toren*. (IV,3)
178 FA V, S. 580.
179 FA V, S. 609 ff.
180 Ebd., S. 624.
181 An Axel Strindberg, 22.10.1887. FA V, S. 850.

182 An Axel Lundegård, 31.10.1887. FA V, S. 851.
183 An Hans Österling, 17.9.1887. FA V, S. 850.
184 An Lundegård, 12.11.1887.
185 Bei Schering: *Das Inselmeer* (III,3).
186 Zit. n. Meyer: Strindberg, S. 181 f.
187 Karl Strecker: Nietzsche und Strindberg. München 1921, S. 52.
188 Karin Smirnoff: Strindbergs första hustru. Stockholm 1926, S. 263.
189 *Kleine historische Romane*. Schering III,7, S. 148.
190 FA V, S. 48.
191 An Pehr Staaff, 3.9.1887. FA V, S. 584.
192 *Tschandala*. Schering III,7, S. 161.
193 Ebd., S. 162.
194 Friedrich Nietzsche: Sämtliche Werke. Hg. v. Giorgio Colli und Mazzino Montinari. Bd. 6. München 1980, S. 15.
195 Brief vom 3.4.1888. Strecker: Nietzsche und Strindberg, S. 23.
196 Friedrich Nietzsche: Sämtliche Briefe. Hg. v. Giorgio Colli und Mazzino Montinari. Bd. 8. München 1986, S. 483 (Brief 1152, 20.11.1888).
197 Strecker: Nietzsche und Strindberg, S. 35.
198 Friedrich Nietzsche: Sämtliche Briefe, S. 513 (Brief 1181, 9.12. 1888).
199 *Vorwort* zu *Fräulein Julie*. FA V, S. 765 u. S. 766.
200 Vgl. FA V, S. 761.
201 Vgl. ebd., S. 762.
202 Ebd., S. 761.
203 *Über modernes Drama und Theater* (1889). Kesting und Arpe: August Strindberg, S. 38–56; bei Schering in *Elf Einakter* (I,4).
204 *Sieben Zyklen Gedichte*, S. 105 f u. S. 157.
205 An Gustaf af Geijerstam, 16.1. 1890; bei Meyer: Strindberg, S. 225.
206 *Brev*. Utg. av Strindbergssällskapet. Stockholm 1948 ff, VIII, S. 58.
207 *Am offenen Meer*. Schering II,3, S. 310.
208 Vgl. FA IV, S. 654: *...es ist der gesunde Anarchismus, der da auf uns zukommt, und in dem die Stärkeren überlegen sein werden. Wir sind zu gebildet oder zu schwach, um uns derselben Barbarei wie sie zu bedienen, darum gehen wir unter und mit uns die Kultur.*
209 An Ola Hansson, 24.4.1890. Meyer: Strindberg, S. 227.
210 Brief vom 11.12.1890. Meyer: Strindberg, S. 231.
211 Zit. n. Lagercrantz: Strindberg, S. 315.
212 Sven Hedin: Große Männer, denen ich begegnete. Bd. 1. Wiesbaden 1951, S. 150–163.
213 *Elf Einakter*. Schering I,4, S. 179.

214 Adolf Paul: Strindberg-Erinnerungen und -Briefe. München 1914, S. 33.
215 Ebd., S. 45.
216 Stanisław Przybyszewski: Erinnerungen an das literarische Berlin. München 1965, S. 189.
217 In: Frida Strindberg (= Frida Uhl): Lieb, Leid und Zeit. Hamburg/Leipzig 1936, S. 12.
218 Przybyszewski: Erinnerungen, S. 218.
219 Frida Strindberg: Lieb, Leid und Zeit, S. 86.
220 Ebd., S. 137, in einem Brief von Fridas Schwester Marie.
221 Um die Familie nicht bloßzustellen, veröffentlichte Strindberg den Roman erst 1902 in stärker verschlüsselter Form unter dem Titel *Die zweite Erzählung des Quarantänemeisters auf Skamsund*, bei Schering (IV,5): *Entzweit*.
222 *Kloster/Einsam*. Hamburg/Düsseldorf 1967, S. 116.
223 Frida Strindberg: Lieb, Leid und Zeit, S. 293.
224 Ebd., S. 311.
225 Ebd., S. 313.
226 Ebd., S. 368. – «En bok om Strindberg» erschien in Karlstadt 1894.
227 *Kloster*, S. 134f.
228 Frida Strindberg: Lieb, Leid und Zeit, S. 217.
229 Meyer: Strindberg, S. 293.
230 Besonnte Vergangenheit. 1921, S. 203.
231 Ebd., S. 205.
232 Darin steht er Bengt Lidforss nahe: Vgl. dessen Theorie vom «Aufbau der tierischen und pflanzlichen Leibessubstanz», 1915 postum in der Akademieserie «Kultur des Geisteslebens» veröffentlicht.
233 Frida Strindberg: Lieb, Leid und Zeit, S. 247.
234 Bei Schering *Der Silbersee*, in: *Das Inselmeer* (III,3). Die Idee zu der Novelle entstand, Frida (S. 94) zufolge, Anfang 1893, und im Dezember 1894 schreibt Strindberg ihr aus Paris, die «Nouvelle Revue» habe sie angekündigt. Lagercrantz: Strindberg, S. 328, datiert die Entstehung vermutlich zu früh.
235 *Kloster*, S. 151.
236 Frida Strindberg: Lieb, Leid und Zeit, S. 510.
237 Am 23.4.1898, im *Nachwort* zu *Legenden*. Schering IV,4, S. 423.
238 *Inferno*. Schering IV,4, S. 84.
239 So Lagercrantz: Strindberg, S. 402.
240 Gerhard Gollwitzer: Die durchsichtige Welt. Pfullingen 1953, S. 16f.
241 In *Der Sohn der Magd*. FA IV, S. 207.

242 *Inferno*, S. 55 u. S. 56.
243 Vgl. Meyer: Strindberg, S. 355f.
244 Hans H. Hofstätter: Symbolismus und die Kunst der Jahrhundertwende. Köln 1978, S. 23.
245 *Legenden*, S. 221.
246 Ebd., S. 350.
247 *Dramen*. Bd. II München und Wien 1984, S. 175.
248 Ebd., S. 48.
249 An Gustaf af Geijerstam, 17.3. 1898. Kesting und Arpe: August Strindberg, S. 132.
250 *Dramen*. Bd. II, S. 299.
251 *Offene Briefe ans Intime Theater*. Bei Schering (IV,4) in *Dramaturgie*, S. 107.
252 *Die Folkungersage*. Übersetzung von Willi Reich. Ms. des Theater-Verlags Desch, München o. J., S. 47.
253 *Nach Damaskus III*, *Dramen*. Bd. II, S. 230.
254 Zit. n. Lagercrantz: Strindberg, S. 436.
255 *Bekenntnisse an eine Schauspielerin*. Mit verbindendem Text von Harriet Bosse. Berlin 1941, S. 13.
256 Ebd., S. 12.
257 *Okkultes Tagebuch*. Die Ehe mit Harriet Bosse. Hamburg 1964, S. 15.
258 *Jahresfestspiele*, Schering I,7, S. 163.
259 *Nach Damaskus II*, S. 108.
260 Kesting und Arpe: August Strindberg, S. 123.
261 Ebd., S. 125.
262 *Dramen*. Reinbek 1960, S. 162.
263 Ebd., S. 174.
264 *Okkultes Tagebuch*, S. 28.
265 Ebd., S. 34.
266 *Nach Damaskus III*, S. 197.
267 *Okkultes Tagebuch*, S. 31.
268 Ebd., S. 37f.
269 *Bekenntnisse*, S. 14.
270 Ebd., S. 22.
271 Ebd., S. 38.
272 Ebd. – Vgl. *Okkultes Tagebuch*, S. 44.
273 *Okkultes Tagebuch*, S. 49.
274 *Bekenntnisse*, S. 40.
275 *Ein Blaubuch I*. Schering VI,4 (1908) resp.5 (1919), S. XIII.
276 *Dramatische Charakteristiken*. Schering I,14, S. 90.
277 *Okkultes Tagebuch*, S. 57.
278 Ebd., S. 66.
279 Bei Meyer: Strindberg, S. 393.
280 *Okkultes Tagebuch*, S. 67f.
281 *Ein Traumspiel*. Deutsch von Peter Weiss. Frankfurt 1963, S. 82.
282 Ebd., S. 7.
283 Bertolt Brecht: Schriften zum Theater 3. Frankfurt 1963, S. 189. – Das Traumspiel ist, wie Peter Szondi erkannt hat, «durchaus nicht das Spiel der Menschen selbst, also ein Drama, sondern ein episches Spiel über die Menschen». Theo-

rie des modernen Dramas. Frankfurt 1966, S. 54.

284 Kesting und Arpe: August Strindberg, S. 145 ff.

285 An Emil Schering, 3. 12. 1903. In: *Deutsche Historien*. Schering I,13, S. 383.

286 Ebd., S. 238.

287 Ebd., S. 384. Brief an Schering, 6. 12. 1903.

288 *Samlade skrifter* 54, S. 341.

289 *Okkultes Tagebuch*, S. 72.

290 Ebd., S. 77.

291 Ebd., S. 82.

292 Ebd., S. 175.

293 FA X, S. 767.

294 Ebd., S. 133. – Der Herausgeber des Bandes, Walter Baumgartner, erklärt in den Anmerkungen (S. 816f), warum in der neuen Edition von dem durch Schering (II,4) vertrauten Titel *Die gotischen Zimmer* Abstand genommen wird: «Götiska rummen» hießen Räume für geschlossene Gesellschaften im heute noch existierenden Lokal «Berns Salonger» in Stockholm. Sie wurden im Zuge einer Renovierung des Hauses an der Stelle eingerichtet, an der sich in den siebziger Jahren «Röda rummet» (Das rote Zimmer) befunden hatte. Der neue Name und die historisierende Innenarchitektur appellierten an eine verflachte geschichtsromantische Begeisterung für das Altnordische... «Götisch» verweist auf frühere, politisch und kulturell produktive Epochen nordischer Renaissance. Mit «Gotik» also hat der Titel nichts zu tun.

295 Ebd., S. 145 f.

296 Ebd., S. 186.

297 Vgl. ebd., S. 772.

298 Ebd., S. 780. An Schering, 19. 1. 1905.

299 Ebd., S. 787.

300 *Ein Blaubuch I*, S. XI.

301 *Drei moderne Erzählungen*. Schering III,5, S. 149.

302 Ebd., S. 3.

303 Ebd., S. 243.

304 An Schering, 26. 4. 1907. – Zit. n. Gunnar Ollén: Strindberg. Velber b. Hannover 1975, S. 89.

305 Strindberg im Zeugnis seiner Zeitgenossen, S. 316.

306 Lagercrantz: Strindberg, S. 500.

307 Mein zwanzigstes Jahrhundert. Zürich 1975, S. 67.

308 Strindberg im Zeugnis seiner Zeitgenossen, S. 318.

309 Ebd., S. 319.

310 *Dramaturgie*, S. 71.

311 *Brev*. XIV, S. 271.

312 *Okkultes Tagebuch*, S. 161.

313 Vgl. ebd., S. 313.

314 Ebd., S. 207: An Karl Otto Bonnier, 24. 6. 1908. Vgl. auch August Lindbergs Erinnerung in: Strindberg im Zeugnis seiner Zeitgenossen, S. 334.

315 *Bekenntnisse*, S. 216.

316 *Spiele in Versen*. Schering I,10, S. 90.

317 Ebd., S. 275.

318 *Die Schwedische Akademie und der Nobelpreis*. FA X, S. 99 ff.

319 Nach Hedén: Strindberg, S. 413.

320 *Ein Blaubuch I*, S. 107.

Bei Strindberg-Zitaten bin ich, wo es mir nötig erschien, vom Wortlaut der angeführten deutschen Übersetzung abgewichen.   Peter Schütze

Zeittafel

1849 22. Januar: Johan August Strindberg in Stockholm als viertes Kind des Schiffskommissionärs Carl Oscar Strindberg und seiner Frau Nora geboren
1853 Konkurs des Vaters
1856 Die Familie zieht ins Nordviertel Stockholms. Besuch der Klaraschule
1860 die Jakobschule
1861 wird er auf das private Stockholmer «Lyceum» eingeschult
1862 20. März: Tod der Mutter
1867 25. Mai: Abitur in Stockholm. Im September nimmt Strindberg das Studium («Ästhetik und lebende Sprachen») in Uppsala auf
1868 verdient er sich seinen Unterhalt als Grundschullehrer in Stockholm und wird Hauslehrer bei dem Arzt Axel Lamm, der ihn zum Medizinstudium überredet
1869 Strindberg bricht die Studien ab, um Schauspieler zu werden. Er scheitert. Erster dramatischer Versuch mit *Eine Namenstagsgabe*
1870 Im Frühjahr: Fortsetzung des Studiums in Uppsala. Gründung des «Runa»-Bundes. 13. September: Uraufführung des Einakters *In Rom*
1871 Die Uraufführung von *Der Friedlose* in Stockholm verschafft Strindberg eine Audienz bei König Carl XV., der ihm ein Stipendium gewährt. Im Sommer erstmals auf der Schäre Kymmendö
1872 Im März gibt Strindberg sein Studium auf. Er malt und versucht als Journalist in Stockholm Fuß zu fassen. Die erste Fassung des *Meister Olof* entsteht. Auf der Flucht vor Gläubigern taucht er im Herbst unter: als Statist in Göteborg, als Lehrling des Telegrafenamts in Sandhamn
1873 Anstellung als Redakteur bei «Dagens Nyheter»
1874 Strindberg unterrichtet, schreibt für verschiedene Blätter, findet daneben, Ende des Jahres, eine Stelle als «Sekretär» bei der Königlichen Bibliothek
1875 Begegnung mit Siri von Essen. Kulturhistorische Studien. Erste Novellen
1876 Reise nach Frankreich. *Er und Sie* entsteht. Endgültiger Bruch mit dem Vater
1877 30. Dezember: Eheschließung mit der im Mai 1876 geschiedenen Siri, die inzwischen Schauspielerin am Königlichen Theater geworden ist
1879 *Das rote Zimmer* sorgt für den literarischen Durchbruch
1880 26. Februar: Geburt der Tochter Karin. 3. Mai: Uraufführung *Das Geheimnis der Gilde* am Dramatischen Theater
1881 Arbeit an *Das schwedische Volk*
1882 Der Skandal um *Das neue Reich* veranlaßt Strindberg, an ein Exil zu denken
1883 Gedichte. – 12. September: Strindberg zieht mit seiner Familie zunächst nach Frankreich, wo er sich in Grèz bei Carl Larsson niederläßt. Im Winter, in Paris, Kontakt zu Bjørnstjerne Bjørnson und Jonas Lie
1884 Übersiedlung in die Schweiz. Italien-Aufenthalt. 3. April: Der Sohn Hans wird geboren. Es entsteht die Novellensammlung *Heiraten*, die eine Anklage wegen Gotteslästerung nach sich zieht, wegen der sich Strindberg im Herbst in Stockholm verantworten muß. Das Gericht spricht ihn am 17. November frei
1885 Sozialwissenschaftliche Studien; Essays und Novellen. Bekenntnis zu einem agrarischen Sozialismus
1886 Wieder Interesse am Drama. *Die Marodeure*. – Im August beginnt Strindberg mit der Niederschrift des autobiographischen Romans *Der Sohn der Magd*
1887 *Der Vater*. – Ehekrise. – Strindberg schreibt den Schärenroman *Die Hemsöer*. – Zur dänischen Aufführung des *Vater* reist er nach Kopenhagen, wo er

143

Georg Brandes begegnet. Brandes vermittelt den Briefkontakt mit Friedrich Nietzsche. – Wohnung auf Schloß Skovlyst bei Holte; die merkwürdigen Geschehnisse bei diesem Aufenthalt werden 1889 im Roman *Tschandala* verarbeitet

1888 *Fräulein Julie*. – 14. November: Gründung eines Experimentiertheaters in Dänemark

1889 Rückkehr nach Stockholm. Vorbereitung von *Am offenen Meer*

1890 Reisen durch Schweden. – *Schwedische Schicksale und Abenteuer*

1891 Einleitung des Scheidungsprozesses. Streit mit Marie David. Paranoide Schübe. Er schreibt *Die Schlüssel zum Himmelreich*

1892 Die Ehe mit Siri wird geschieden. Eine Serie von Einaktern entsteht. Ende September folgt Strindberg einer Einladung von Ola Hansson nach Berlin

1893 7. Januar: Strindberg lernt Frida Uhl kennen, die er am 2. Mai auf Helgoland heiratet. Hochzeitsreise nach London

1894 Quartier bei Fridas Großeltern in Dornach. – 26. Mai: Geburt der Tochter Kerstin. Naturwissenschaftliche und -philosophische Studien. – *Gläubiger* aufgeführt in Paris, wohin Strindberg im August aufbricht. Trennung von Frida Uhl

1895 Die sogenannte «Inferno-Krise» setzt ein

1896 19. Juli: Flucht aus dem Hotel «Orfila». Reise an die Donau zur Schwiegermutter und Tochter. Im Herbst Besuch in Ystad (Schweden)

1897 *Inferno* und *Legenden*. Strindberg lebt in Lund. Letzter Paris-Aufenthalt

1898 In Paris beginnt Strindberg mit *Nach Damaskus*

1899 In Lund wendet Strindberg sich nach *Advent* und *Rausch* wieder dem historischen Drama zu

1900 Rückkehr nach Stockholm. Schärenaufenthalt. Im Herbst: *Ostern*. – Strindberg lernt Harriet Bosse kennen. Er schreibt den *Todestanz*

1901 *Die Kronbraut. Schwanenweiß*. 6. Mai: Trauung mit Harriet. Im November wird *Ein Traumspiel* abgeschlossen

1902 25. März: Geburt der Tochter Anne-Marie

1903 Trennung von Harriet. Strindberg allein in der Wohnung am Karlavägen. *Einsam* entsteht. – Gedichte: *Wortspiele und Kleinkunst*

1904 *Die Götischen Zimmer* lösen heftige Reaktionen aus. – 27. Oktober: Scheidung von Harriet Bosse

1906 Die späten Novellen *Richtfest* und *Der Sündenbock*

1907 Der letzte Roman, *Schwarze Fahnen*, erscheint. – Arbeit am *Blaubuch*. – Für das Intime Theater, das am 26. November unter Leitung von August Falck eröffnet wird, schreibt Strindberg seine *Kammerspiele*. – Endgültige Trennung von Harriet. Die Ehe spiegelt das *Okkulte Tagebuch*

1908 Umsiedlung in den «Blauen Turm». – Begegnung mit George Bernard Shaw. – Romanze mit Fanny Falkner

1909 Strindberg schreibt sein letztes Drama, *Die große Landstraße*

1910 Artikelserie zu tages- und gesellschaftspolitischen Fragen in der «Afton-Tidningen», die die «Strindberg-Fehde» auslöst

1911 Sprachwissenschaftliche Studien

1912 14. Mai: August Strindberg stirbt an Magenkrebs

Zeugnisse

Theodor Fontane
Wenn Du Herrn Geheimrat E. siehst, so laß ihn doch wissen, daß ich ihm für das neue Strindbergsche Buch «Tschandela» [sic!] ebenso dankbar wie für das frühere: «Die Beichte eines Toren» bin. Ein furchtbarer Mann, dieser Strindberg, aber doch von einem so großen Talent, daß man in seinem Unmut, Ärger und Ekel immer wieder erschüttert wird. Dies Buch, das anscheinend etwas ganz andres wie die rein persönlich gehaltene «Beichte eines Toren», ist schließlich genau dasselbe, dieselbe Couleur in grün. Es ist auch rein persönlich, nur versteckt. Dieser schreckliche Mensch kann aus seiner Ichsucht nicht heraus. Es ist ganz klar, daß er, von Stockholm aus, in eine Sommerfrische ging, und daß ihn in dieser Sommerfrische die Wirtsleute geärgert und, was die Hauptsache ist, ihn in seiner überlegenen Größe nicht genugsam gewürdigt haben; dies Buch, in dem er nachträglich seine Überlegenheit zu beweisen trachtet, ist nun der Ausdruck seiner Rache. Denn alles an dem Kerl ist Rache.

Brief an den Sohn Theodor, 4. Juni 1894

Franz Kafka
Besserer Zustand, weil ich Strindberg («Entzweit») gelesen habe. Ich lese ihn nicht, um ihn zu lesen, sondern um an seiner Brust zu liegen. Er hält mich wie ein Kind auf seinem linken Arm. Ich sitze dort wie ein Mensch auf einer Statue. Bin zehnmal in Gefahr, abzugleiten, beim elften Versuche sitze ich aber fest, habe Sicherheit und große Übersicht.
...Der ungeheure Strindberg. Diese Wut, diese im Faustkampf erworbenen Seiten.

Tagebücher, 1910–1923

Max Reinhardt
Mein Vorgänger Otto Brahm hat es sich zur Lebensaufgabe gemacht, Henrik Ibsen dem deutschen Volke nahezubringen...
Ein anderer, skandinavischer Dichter, eine stammverwandte, eine wahrhaft faustische Natur, August Strindberg, der wie von einem bösen Geist durch alle Höhen und Tiefen des Lebens geschleppt wurde, bis zu seiner Erlösung, hat von seinem furchtbaren geistigen Ringen bleibende Dokumente dem deutschen Theater hinterlassen. Die Bühnen Berlins wetteifern heute, seine Werke darzustellen.
In diesem nordischen Repertoire ist ein neues Geschlecht von Schauspielern groß geworden. Sie haben sich von allem fremden Einfluß befreit, die das Theater mit seinem Weltrepertoire natürlich am längsten konservierten.

Von der modernen Schauspielkunst und der Arbeit des
Regisseurs mit dem Schauspieler». 1915

Karl Jaspers
Ob aber Strindberg «geistesgestört» gewesen sei, das so im allgemeinen zu entscheiden, ist ganz nichtssagend. Denn wenn man nach einer vorausgesetzten Definition Geistesstörung nur dann annimmt, wenn der Mensch Besonnenheit, Orientierung, Ordnung der Gedanken verliert, so war es Strindberg nicht. Aber Strindberg litt an einem bekannten, charakterisierbaren, mehr als zwei Dezennien in seinem Leben erfüllenden Prozeß, den man schizophren, paraphren oder Paranoia nennen kann, ohne daß diese Namen etwas ausmachen...

«Strindberg und van Gogh». 1922

Thomas Mann
Seine Biographie hat er mit einer Rücksichtslosigkeit geopfert, wie kaum ein anderer Dichter und Bekenner vor oder nach ihm. Die Höllenkomik, die oft darin herrscht (und der etwas viel Tieferes und Schrecklicheres ist als sogenannter Humor, von dem er, wie andere Große, nichts besaß), ist nur zum Teil ein Erzeugnis seines wilden Zerwürfnisses mit der ihn umgebenden bürgerlichen Gesellschaft, in der er schon ein Fremder war. Wie stark sich in seinen verzweifelten Kampf gegen diese, in der er doch immer nach ‹Erfolgen› strebt, ein Elementares und Dämonisches mischt, dafür ist das stärkste Beispiel sein Verhältnis zum Weibe, worin die Polemik gegen moderne Emanzipationsideen die geringste Rolle spielt und eine desto größere der ewige, mythische Todhaß der Geschlechter. Es gibt in keiner Literatur eine teuflischere Komödie als seine Eheerfahrungen, als seine Verfallenheit an das Weib und sein Grauen vor ihm, seine heilig monogame Verehrung und Verklärung der Ehe und sein völliges Unvermögen, es darin auszuhalten.

«August Strindberg». 1948

Friedrich Dürrenmatt
Das Stück Strindbergs ist bedeutend, bedeutender als irgendein zeitkritisches Stück Ibsens, gerade weil Strindberg anders ist, es anders macht. Die «Gespenstersonate» ist nicht eigentlich eine Handlung, mehr eine Stimmung, so sehr Stimmung, daß die Handlung dazu nicht ausreicht, daß zwei Handlungen, zwei Ideen miteinander verwoben sind, mehr nacheinander als ineinander: die gespenstische Tragödie des «Alten», des Richters, der gerichtet wird, und der vergebliche Versuch des Studenten, sich mit der bürgerlichen Gesellschaft zu verbinden, das «Fräulein» zu heiraten. Die bürgerliche Gesellschaft: Keine Frage, daß damit diese teils schon toten, teils nur verwesten Menschen im Hause des Obersten gemeint sind, diese Gespenstergesellschaft mit ihrem Gespenstersouper, ineinander verbissen, durcheinander verschuldet, mit falschen Namen, falschen Titeln, falschen Berufen, die schweigen, weil sie einander kennen, die am Abend in die «Walküre» gehen und deren schrecklichste Gestalt in einem Wandschrank sitzt, halb Papagei, halb Mumie. Es ist auch keine Frage, was der große Dichter mit der Köchin meint, so sehr keine Frage, daß der Sprengstoff dieses Stücks, seine Ungemütlichkeit die mehr als gemütlichen, reaktionären Spielplan dieses Winters über den Haufen rannte. Um so erfreulicher, um so besser, daß dies auch von der Regie her und von den Schauspielern aus geschah. Dieses kurze, so ganz und gar nicht «gebaute» Kammerspiel, geschrieben um 1907, ist eines jener Stücke, in welchem Strindberg nicht nur auf der Bühne, sondern auch mit der Bühne dichtet.

«Gespenstersonate». 23. Mai 1952

Peter Szondi
Mit Strindberg hebt an, was später den Namen ‹Ich-Dramatik› trägt und das Bild der dramatischen Literatur Jahrzehnte hindurch bestimmt. Der Grund, in dem sie bei Strindberg wurzelt, ist die Autobiographie. Das erweist sich nicht nur in ihren thematischen Zusammenhängen. Die Theorie des ‹subjektiven Dramas› selbst scheint bei ihm mit der Theorie des psychologischen Romans (der Entwicklungsgeschichte der eigenen Seele) in seinem Entwurf der Literatur der Zukunft zusammenzufallen...

«Theorie des modernen Dramas». 1959

Ernst Wendt
Daß August Strindberg sich in Abständen immer wieder, meist in Phasen der Schreibhemmung, der literarischen Niederlagen, mit einer erstaunlichen Leidenschaft und mit verblüffenden Resultaten der Malerei zugewandt hat, ist erst in den letzten Jahren durch einige Ausstellungen seiner Bilder in unser Bewußtsein getreten.

Angst-Bilder sind sie alle. See-Stücke zumeist mit herandrohenden sich überschlagenden Wogen, manchmal stürzen sie sich gegen spitze, dunkelschreckende Farbgebilde, die gerade noch als Klippen zu erkennen sind, das Meer wütet, einmal kommt noch ein Schneesturm hinzu, die Farben auf den meisten dieser Bilder vermischen sich grünlich-blau ineinander, das Weiß der Gischt schwimmt in dem heftig bewegten Chaos herum wie ein Hoffnungsrest, letzter Widerstand gegen eine alles verschlingende Nacht.

Selten ist Ruhe in diesen Gemälden. Es ist als habe sich Strindberg, so wie man es von William Turner berichtet, mitten im Meeressturm an einen Mast binden lassen, um den Kampf der Elemente gleichsam von innen und in der emotionalen Wirkung auf sich selbst wahrnehmen zu können.

«Mit dem Feuer spielen. Sich verbrennen». 1984

Bernhard Minetti

Mein Abschied von Düsseldorf war der Anfang einer langen Auseinandersetzung mit einer Rolle, die mir fast zur zweiten Natur geworden ist. Keine habe ich in meinem Leben öfter gespielt als diese. Es war der Edgar in Strindbergs «Totentanz» ... meine Bindung an diese Rolle ist stark. Ich finde dafür nur einen Grund. Hier habe ich das, was sich als körperliche Männlichkeit darstellt, als geistige ausgedrückt. Dieser Edgar ist ein Haustyrann, und da er sich nicht überwinden kann, eine neue Einstellung zum Leben und zu seiner Frau zu finden, obwohl er aus dem Beruf ist, obwohl er kränkelt, sich schon geistige Störungen spürbar machen, will er nur die absolute Beherrschung seiner eigenen Umwelt, auch die seiner Frau. Er will seine Position behaupten und muß doch spüren, daß schon andere Kräfte in Bewegung sind. Das Drama zeigt den Umschlag. Die Frau wird stark. Was wir unter weiblicher Emanzipation verstehen, kommt ja vom Norden, von Ibsen, von Strindberg her. Mir war diese Auseinandersetzung mit der Frau, die körperlich geführt wird, wesentlich. Darum bin ich immer versucht, Männlichkeit auszustellen, um diesen Kampf, diesen Jahrhundertkampf spürbar zu machen; er wird seelisch und körperlich geführt und wird auch durch die Emanzipation nicht aufzuheben sein, weil wegen der verschiedenen Körperfunktionen doch die Geschlechtskontraste als dramatische Kontraste bleiben.

«Erinnerungen eines Schauspielers». 1985

Bibliographie

Von der Fülle der internationalen Strindberg-Literatur kann hier nur eine begrenzte Auswahl wiedergegeben werden, bei der insbesondere deutsche, englische und schwedische Buchwerke berücksichtigt sind. Ein gutes bibliographisches Hilfsmittel ist Fritz Pauls Studie «August Strindberg» (Stuttgart 1979); in der neuen Frankfurter Werkausgabe wird im Kommentarteil jeweils auch jüngste Sekundärliteratur herangezogen. Neuerscheinungen und Aufsätze werden in dem schwedischen Periodikum *Samlaren* aufgeführt.

1: Strindbergs Werke in schwedischer Sprache

Samlade skrifter. 55 Bde. Stockholm 1912–1919 (^{2}1921–27)
Samlade verk. Nationalupplaga. Hg.: Strindbergssällskapet. Stockholm 1981 ff
Skrifter. Hg. von G. BRANDELL. 14 Bde. Stockholm 1945/46
August Strindbergs dramer. Hg. von KARL REINHOLD SMEDMARK. Stockholm 1962–1970
Samlade otryckta skrifter. 1. Dramatiska arbeten. Stockholm 1918. 2. Berättelser och dikter. Stockholm 1919
Före Röda rummet. Strindbergs ungdomsjournalistik. Ausw. von TORSTEN EKLUND. Stockholm 1946
LUNDIN, CLAES / STRINDBERG, AUGUST: Gamla Stockholm. Anteckningar ur tryckta och otryckta källor. 2 Bde. (Nachdr.) Östervåla 1974
Ockulta Dagboken. (Faks.) Stockholm 1977
Fran Fjärdingen till Blå Tornet. Ett brevurval 1870–1912. Hg. von TORSTEN EKLUND. Stockholm 1946
August Strindbergs brev. Bisher 16 Bde. Hg. von TORSTEN EKLUND und BJÖRN MEJDAL (Bd. 16). Stockholm 1948 ff
Strindbergs brev till Harriet Bosse. Med kommentarer av H. B. Stockholm 1932
Breven till Harriet Bosse. Hg. von TORSTEN EKLUND. Stockholm 1965, 1987

2. Werke in deutscher Sprache

Die umfassendste Ausgabe der Werke Strindbergs in deutscher Sprache ist nach wie vor:
Strindbergs Werke. Unter Mitwirkung von EMIL SCHERING als Übersetzer vom Dichter selbst veranstaltet. 47 Bde. Leipzig und München 1902–1930
Diese Gesamtausgabe ist in verschiedenen Schüben herausgekommen, ergänzt und erweitert worden; die Aufteilung der Werkabteilungen und die Bandzählung haben sich dabei bisweilen verändert. Die folgende Zusammenschau des Verzeichnisses berücksichtigt nicht alle Abweichungen:

I. Abt.: Dramen
Bd. 1 Jugenddramen. 1923
Bd. 2 Romantische Dramen. 1918
Bd. 3 Naturalistische Dramen. 1916
Bd. 4 Elf Einakter. 1917
Bd. 5 Nach Damaskus. Erster, zweiter, dritter Teil. 1912
Bd. 6 Rausch. Totentanz Teil 1 und 2. 1912
Bd. 7 Jahresfestspiele. 1912
Bd. 8 Märchenspiele. Ein Traumspiel. 1919
Bd. 9 Kammerspiele. 1908
Bd. 10 Spiele in Versen. 1912

Bd. 11 Meister Olof. Ausgabe in Prosa und in Versen. 1917
Bd. 12 Königsdramen. 1914
Bd. 13 Deutsche Historien. Gustav Adolf. Die Nachtigall von Wittenberg. 1915
Bd. 14 Dramatische Charakteristiken. 1914
Bd. 15 Regentendramen. 1928

II. Abt.: Romane
Bd. 1 Das Rote Zimmer. 1908
Bd. 2 Die Inselbauern. 1908
Bd. 3 Am off(e)nen Meer. 1908
Bd. 4 Die gotischen Zimmer. 1908
Bd. 5 Schwarze Fahnen. [6] 1913

III. Abt.: Novellen
Bd. 1 Heiraten. Zwanzig Ehegeschichten. [2] 1910
Bd. 2 Schweizer Novellen. [4] 1912. Mit abweichenden Titeln: 1926
Bd. 3 Das Inselmeer. Drei Novellenkreise. 1921
Bd. 4 Märchen und Fabeln. 1918
Bd. 5 Drei moderne Erzählungen. 1911
Bd. 6 Schwedische Schicksale und Abenteuer. [3] 1911
Bd. 7 Kleine historische Romane. [3] 1913
Bd. 8 Historische Miniaturen. [9] 1912
Bd. 9 Schwedische Miniaturen. [2] 1909

IV. Abt.: Lebensgeschichte
Bd. 1 Der Sohn einer Magd. [4] 1912
Bd. 2 Die Entwicklung einer Seele. [2] 1910
Bd. 3 Die Beichte eines Toren. [4] 1912
Bd. 4 Inferno. Legenden. [2] 1910
Bd. 5 Entzweit. Einsam. [2] 1909

V. Abt.: Gedichte
Bd. 1 Sieben Zyklen Gedichte. 1923

VI. Abt.: Wissenschaft
Bd. 1 Unter französischen Bauern. 1912
Bd. 2 Naturtrilogie. 1921
Bd. 3 Antibarbarus. 1930
Bd. 4 Dramaturgie. 1911
Bd. 5 Ein Blaubuch. Die Synthese meines Lebens. Erster Band. 1908
Bd. 6 Ein Blaubuch. Die Synthese meines Lebens. Zweiter Band. 1908
Bd. 7 Ein drittes Blaubuch. Nebst dem nachgelassenen Blaubuch. 1921
Bd. 8 Das Buch der Liebe. Ungedrucktes und Gedrucktes aus dem Blaubuch. [3] 1912

VII. Abt.: Nachlaß
Bd. 1 Moses; Sokrates; Christus. Eine welthistorische Trilogie. Mit der Einleitung: Der bewußte Wille in der Weltgeschichte. 1922

VIII. Abt.: Briefe
Bd. 1 Er und Sie. 1930
Bd. 2 Briefe ans Intime Theater. 1921
Bd. 3 Briefe an Emil Schering. 1924

Seit 1984 erscheint eine «Frankfurter Ausgabe» von Strindbergs Werken im Insel Verlag. Von dieser nicht vollständigen, aber kritischen und sorgfältig recherchierten Edition, die Angelika Gundlach in Zusammenarbeit mit anderen Wissenschaftlern herausgibt, sind bis Anfang 1997 fünf Bände erschienen:

August Strindberg, Werke in zeitlicher Folge. Frankfurter Ausgabe (im Anmerkungsteil als FA zitiert)

Vierter Band. 1886. Hg. von HORST BRANDL und JÖRG SCHERZER. Übers. von HANS-JOACHIM MAASS und JÖRG SCHERZER. Frankfurt a. M. 1984

Fünfter Band. 1887–1888. Hg. von WOLFGANG BUTT. Übers. von ALKEN BRUNS, WOLFGANG BUTT, ANGELIKA GUNDLACH, HANS-JOACHIM MAASS, VERENA REICHEL. Frankfurt a. M. 1984

Achter Band. 1898–1900. Hg. von WOLFGANG PASCHE. Übers. von ALKEN BRUNS, ANGELIKA GUNDLACH, HANS-JOACHIM MAASS, WOLFGANG PASCHE, JÖRG SCHERZER. 2 Teile, Frankfurt a. M. 1992

Zehnter Band. 1903–1905. Hg. von WALTER BAUMGARTNER. Übers. von ALKEN BRUNS, ANGELIKA GUNDLACH, VERENA REICHEL, JÖRG SCHERZER. Frankfurt a. M. 1987

August Strindbergs Bühnenwerk in neuer Übersetzung von HEINRICH GOEBEL. 12 Bände in 2 Reihen. Berlin 1919

Werke. 9 Bände. Übers. von WILLI REICH, TABITHA VON BONIN, ELSE VON HOL-LANDER-LASSOW. München 1955–1959

Dramen. Übers. von WILLI REICH. Essay von HANS SCHWARZ. Reinbek 1960

Dramen. Übers. von WILLI REICH. 3 Bände. München–Wien 1964/65

Ausgewählte Dramen in drei Bänden. Übers. von ARTUR BETHKE und ANNE STORM. Hg. und komm. von ARTUR BETHKE. Rostock 1983

Dramen in drei Bänden. (Lizenzausg. der Rostocker Ausgabe, mit Nachw. von ERNST WENDT) München 1984

Das schwedische Volk. Historische Profile. Übers. von E. SCHERING. Berlin 1942

Der Holländer. Aus dem Nachlaß übers. von E. SCHERING. Heidelberg 1949

Ein Traumspiel. Deutsch von PETER WEISS. Frankfurt a. M. 1963

Fräulein Julie. Deutsch von PETER WEISS. In: Spectaculum X. Frankfurt a. M. 1967

Kloster. Einsam. Nachw. v. WALTER A. BERENDSOHN. Hamburg–Düsseldorf 1967

Ausgewählte Erzählungen. Hg. und Nachw. von KLAUS MÖLLMANN. Übers. von DIETLIND und GÜNTER GEUTSCH, HANS JÜRGEN HUBE und K. MÖLLMANN. 3 Bde. Rostock 1988 – München 1989

Über Drama und Theater. Hg. von MARIANNE KESTING und VERNER ARPE. Köln 1966

Ein Lesebuch für die niederen Stände. Hg. von JAN MYRDAL. Übers. von PAUL BAUDISCH. München 1970

Die Stadtreise und andere Gedichte. Ausgew. und übers. von WALTER A. BEREND-SOHN. Hamburg–Düsseldorf 1970

Abschied von Illusionen. Ausgewählte Erzählungen. Zürich 1991

August Strindberg, Bekenntnisse an eine Schauspielerin. Übers. von E. SCHERING. Verb. Text von HARRIET BOSSE. Berlin 1941

August Strindberg, Briefe. Hg. von TORSTEN EKLUND. Übers. von TABITHA VON BONIN. Hamburg–Berlin 1956

August Strindberg. Briefe an seine Tochter Kerstin. Hg. von TORSTEN EKLUND. Hamburg 1963 – Düsseldorf 1986

Erinnerungen und Briefe. Bialogard/PL 1997

Briefe an Strindberg. Hg. von WALTER A. BERENDSOHN. Mainz 1967

Okkultes Tagebuch. Die Ehe mit Harriet Bosse. Hg. von TORSTEN EKLUND. Übers. von TABITHA VON BONIN. Hamburg 1964

Sylva Sylvarum. Göttingen 1995

Strindbergsfejden. Hg. von HARRY JÄRV. 2 Bde, o. O. 1968

Ich dichte nie. Ein Werk-Porträt in einem Band. Hamburg 1999

3. Gesamtdarstellungen

ADAMOV, ARTHUR: August Strindberg. Dramaturge. Paris 1955
BERENDSOHN, WALTER A.: August Strindberg. Der Mensch und seine Umwelt – Das Werk – Der schöpferische Künstler. Amsterdam 1974
BERNHARDT, RÜDIGER: August Strindberg. München 1999
BRANDELL, GUNNAR: Strindberg: ett författarliv. 3 Bde. Stockholm 1983
BRANDES, GEORG: Menschen und Werke. Essays. Frankfurt a. M. 1900. S. 488: August Strindberg
DIEM, E.: Strindberg. Ein Beitrag zur Krisis des modernen Europäers. München 1929 – Heidelberg 1949
DOBZYNSKI, CHARLES: August Strindberg. Paris 2000
EKLUND, TORSTEN: Tjänstekvinnans son. En psykologisk Strindbergsstudie. Stockholm 1948
ERDMANN, NILS: August Strindberg. En kämpande och lidande själs historia. 2 Bde. Frankfurt a. M. 1920. – Deutsch von H. GOEBEL: Strindberg. Die Geschichte einer kämpfenden und leidenden Seele. Leipzig 1924
ESSWEIN, HERMANN: August Strindberg im Lichte seines Lebens und seiner Werke. München–Leipzig 1909
GUSTAFSON, ALRIK: August Strindberg 1849–1912. (The Swedish Institute) Stockholm 1961
HEDÉN, ERIK: Strindberg. Leben und Dichtung. München 1926
JANNI, THÉRÈSE DUBOIS: August Strindberg. En biografi i text och bild. Stockholm 1972
JOHNSON, WALTER: August Strindberg. Boston 1976
KÄRNELL, KARL-ÅKE: Strindbergslexikon. Stockholm 1969
LAGERCRANTZ, OLOF: August Strindberg. Stockholm 1979
Strindberg. Übers. von ANGELIKA GUNDLACH. Frankfurt a. M. 1984
LAMM, MARTIN: August Strindberg. 2 Bde. Stockholm 1940–42
LIEBERT, ARTHUR: August Strindberg. Seine Weltanschauung und seine Kunst. Berlin 1920
LINDER, STEN: August Strindberg. Stockholm 1942
LUNDMARK, KNUT: Strindberg. Geniet – sökaren – människan. Stockholm 1948
MARCUSE, LUDWIG: Strindberg. Das Leben einer tragischen Seele. Berlin 1922
MEYER, MICHAEL: Strindberg. A Biography. Oxford–New York 1987
File on Strindberg. Compiled by MICHAEL MEYER. London–New York 1986
MORGAN, MARGERY: August Strindberg. London 1985
MORTENSEN, BRITA M. E., und DOWNS, B. W.: Strindberg. Introduction to his life and work. Cambridge 1949
MYRDAL, JAN: Johan August Strindberg. Natur och Kultur. Stockholm 2000
PAUL, FRITZ: August Strindberg. Stuttgart 1979
ROBINSON, MICHAEL: Studies in Strindberg. Norwich 1998

4. Zu Lebensgeschichte und Charakter Strindbergs

AHLSTRÖM, STELLAN: Strindbergs erövring av Paris. Stockholm 1956
AHLSTRÖM, STELLAN (Hg.): Ögonvittnen I. August Strindberg. Ungdom och mannaår. Stockholm 1959
AHLSTRÖM, STELLAN, und EKLUND, TORSTEN (Hg.): Ögonvittnen II. August Strindberg. Mannaår och ålderdom. Stockholm 1961
BACHLER, KARL: August Strindberg. Psychoanalytische Studie. Wien 1931
BEHSCHNITT, WOLFGANG: Autobiographischer Aspekt und Konstruktion des Autors im Werk August Strindbergs. Basel 1999
BERENDSOHN, WALTER A.: Strindbergs sista levnadsår. Stockholm 1948

August Strindberg und die Frauen. Dortmunder Vorträge 85. Dortmund o. J.

BRANDELL, GUNNAR: Strindberg in Inferno. Cambridge, Mass. 1974

ENGSTRÖM, ALBERT: Strindberg och jag. Stockholm 1923

ESSWEIN, HERMANN: August Strindberg. Ein psychologischer Versuch. München 1904

FALCK, AUGUST: Fern år med Strindberg. Stockholm 1935

FALKNER, FANNY: Strindberg im Blauen Turm. Übers. von E. SCHERING. München 1923

FALKNER-SÖDERBERG, STELLA: Fanny Falkner och August Strindberg. Stockholm 1970

GEETE, ROBERT: August Strindbergs ungdomshistoria. Stockholm 1919

HAGSTEN, ALLAN: Den unge Strindberg. 2 Bde. Lund 1951

HAMMACHER, WILFRIED: Wiedergeboren. Die Lebenswege von August Strindberg und Carl Ludwig Schleich. Dornach 1994

HAMSUN, KNUT: Etwas über Strindberg. München 1958

HANSSON, OLA: Erinnerungen an August Strindberg. In: Die Neue Rundschau 23 (1912), S. 1536–51, S. 1724–38

HEDIN, SVEN: Große Männer, denen ich begegnete. Bd. 1. Wiesbaden 1951. S. 150–163

JACOBSEN, HARRY: Digteren og fantasten. Strindberg paa «Skovlyst». Kopenhagen 1945

JASPERS, KARL: Strindberg und van Gogh. Versuch einer vergleichenden pathographischen Analyse. Bern 1926 – München 1977

LAMM, MARTIN: Strindberg och makterna. Stockholm 1936

LARSSON, CARL: Ich. Königstein 1985

LIDFORSS, BENGT: August Strindberg och den litterära Nittiotalsreklamen. Malmö 1910

LUNDEGÅRD, AXEL: Några Strindbergsminnen knutna till en handfull brev. Stockholm 1920

MARCUSE, LUDWIG: Das Leben der tragischen Seele. Zürich 1989

MARTINUS, EIVOR: Strindberg and love. Oxford 2001

MEJDAL, BJÖRN: Från profet till folkstribun. Strindberg och Strindbergsfejden 1910–1912. Stockholm 1982

MÖRNER, BIRGER: Den Strindberg jag känt. Stockholm 1924

MORTENSEN, JOHAN: Strindberg som jag minnes honom. Stockholm 1931

NEUMAYR, ANTON: Dichter und ihre Leiden: Jean-Jacques Rousseau, Friedrich Schiller, August Strindberg, Georg Trakl. Wien 2000

NORMAN, NILS: Den unge Strindberg och väckelserörelsen. Malmö 1953

NORRMAN, DAVID: Strindbergs skilsmässa från Siri von Essen. Stockholm 1953

PAUL, ADOLF: Strindberg-Erinnerungen und -Briefe. München 1914

PHILP, ANNA VON, und HARTZELL, NORA: Strindbergs berättar om barndomshemmet och om bror August Strindberg. Stockholm 1926

PRZYBYSZEWSKI, STANISŁAW: Erinnerungen an das literarische Berlin. München 1965

SCHLEICH, CARL LUDWIG: Erinnerungen an Strindberg. München 1917 – Heidelberg 1949

Besonnte Vergangenheit. o. O. 1921

SMIRNOFF, KARIN (geb. Strindberg): Strindbergs första hustru. Stockholm 1926

Så var det i verkligheten. Stockholm 1956

STORCH, A.: Strindberg im Licht seiner Selbstbiographie. Eine psychopathologische Persönlichkeitsanalyse. München 1921

STRINDBERG, FRIDA (= Frida Uhl): Lieb, Leid und Zeit. Eine unvergeßliche Ehe. Mit zahlreichen unveröffentlichten Briefen von August Strindberg. Hamburg–Leipzig 1936

UPPVALL, A. J.: August Strindberg. A psychoanalytic study with special reference to the Oedipus complex. New York 1970

WIESE, LEOPOLD VON: Strindberg. Ein Beitrag zur Soziologie der Geschlechter. München–Leipzig 1918

WILLERS, UNO: Från slottsflygeln till Humlegården. August Strindberg som biblioteksman. Stockholm 1962

5. Zum Drama und Theater Strindbergs

ADLER, STELLA: Stella Adler on Ibsen, Strindberg and Chekhov. New York 2000

BARK, RICHARD: Strindbergs drömspelteknik i drama och teater. Lund 1981

BAYERDÖRFER, HANS PETER u. a. (Hg.): Strindberg auf der deutschen Bühne. Neumünster 1983

BERENDSOHN, WALTER A.: August Strindberg. Ein geborener Dramatiker. München 1956

BØRGE, VAGN: Strindbergs Mystiske Teater. Kopenhagen 1942
Strindberg, Prometheus des Theaters. Wien–München 1974

DEYER, MARGARETHE: Die Ursprünge der Dramaturgie von Strindbergs «Nach Damaskus». Diss. Wien 1952

EKMAN, HANS-GÖRAN: Strindberg and the five senses: studies in Strindberg's chamber plays. London 2000

ELMQUIST, CARL JOHAN: Strindbergs kammerspil. Kopenhagen 1949

GRAVIER, MAURICE: Strindberg, Pere du théâtre moderne. (Svenska institutet) Stockholm 1962

HENNIG, GERDA: Traumwelten im Spiegel der Dichtung. Jean Paul, Dostojewski, Newal, Strindberg. Frankfurt a. M. 1995

HORTENBACH, JENNY C.: Freiheitsstreben und Destruktivität. Frauen in den Dramen August Strindbergs und Gerhart Hauptmanns. Oslo 1965

JARVI, RAYMOND: Strindberg's post-Inferno dramas and music. Diss. Washington 1970

JOHNSON, WALTER: Strindberg and the Historical Drama. Seattle 1963

JOLIVET, A.: Le Théâtre de Strindberg. Paris 1931

JOSEPHSON, LENNART: Strindbergs drama Fröken Julie. Stockholm–Göteborg–Uppsala 1965

KLAF, FRANKLIN S.: Strindberg. The origin of psychology in modern drama. New York 1963

LAGERROTH, ULLA-BRITTA, und LINDSTRÖM, GÖRAN (Hg.): Perspektiv på Fröken Julie. Stockholm 1972

LAMM, MARTIN: Strindbergs dramer. 2 Bde. Stockholm 1924–1926

LILJESTRAND, BIRGER: Strindbergs Mäster Olof-dramer. 2 Bde. Umeå 1976–1980

LUNIN, HANNO: Strindbergs Dramen. Emsdetten 1962

MARCUS, CARL DAVID: Strindbergs Dramatik. München 1918 (Reprint Bialogard/PL 1998)

MARSCHALL, BRIGITTE: Die Droge und ihr Double: Zur Theatralität anderer Bewußtseinszustände. Köln 2000

MELCHINGER, SIEGFRIED: Die Väter der Moderne: Strindberg und Wedekind. In: Welttheater. Bühnen – Autoren – Inszenierungen. Hg. von S. MELCHINGER und HENNING RISCHBIETER. Braunschweig 1962. S. 388ff

MÜSSENER, HELMUT: August Strindberg «Ein Traumspiel». Meisenheim 1965

NEUDECKER, N.: Der «Weg» als strukturbildendes Element im Drama. Deutsche Studien 11. Meisenheim 1972

OLLÉN, GUNNAR: Strindbergs dramatik. Stockholm 1966

OLLÉN, GUNNAR: August Strindberg. Übers. und Bearbeitung der Kurzfassung von VERNER ARPE. Velber bei Hannover [2] 1975

PASSERINI, E. M.: Strindberg's absurdist plays. An examination of the expressionistic, surrealistic and absurd elements in Strindberg's drama. Diss. Virginia 1971
PERRIDON, HARRY C.: Strindberg, Ibsen & Bergman: Essays on Scandinavian film and drama. Maastricht 1998
PEUKERT, ESTER: Strindberg religiöse Dramatik. Versuch einer historischen und systematischen Bestimmung ihrer religiösen Motive. Diss. Hamburg 1929
PILICK, ECKHART: Strindbergs Kammerspiele. Ein Beitrag zur Dramaturgie des intimen Dramas. Diss. Köln 1969
RUCKGABER, ERICH: Das Drama August Strindbergs und sein Einfluß auf das deutsche Drama. Diss. Tübingen 1953
SMEDMARK, CARL REINHOLD: Mäster Olof och Röda rummet. Stockholm 1952
SPRINCHORN, EVERT: Strindberg as dramatist. New Haven–London 1980
SZONDI, PETER: Theorie des modernen Dramas. Frankfurt a. M. 1956. S. 40–56
TAUB, HANS: Strindberg als Traumdichter. Göteborg 1945
TÖRNQUIST, EGIL: Strindbergian drama. Themes and structure. Stockholm 1982
TREIB, MANFRED: August Strindberg und Edward Albee. Eine vergleichende Analyse moderner Ehedramen. Frankfurt a. M. 1980
VOGELWEITH, GUY: Psychothéâtre de Strindberg. Paris 1972
VOLZ, R.: Strindbergs Wanderungsdramen. Studien zur Episierung des Dramas. Diss. München 1975
WARD, JOHN: The social and religious plays of Strindberg. London 1980
WIESPOINTNER, K.: Die Auflösung der architektonischen Form des Dramas durch Wedekind und Strindberg. Diss. Wien 1949
WIRMARK, MARGARETA: Den kluvna scenen. Kvinnor i Strindbergs dramatik. (Stockholm) 1989
WIRSÉN, C. D. AF: Kritiker. Stockholm 1901

6. Aspekte des nicht-dramatischen Werks

BELLQUIST, JOHN ERIC: Strindberg as a modern poet. A critical and comparative study. Berkeley–Los Angeles–London 1986
BERENDSOHN, WALTER A.: August Strindbergs skärgårds- och Stockholmsskildringar. Stockholm 1962
BOËTHIUS, ULE: Strindberg och kvinnofrågan till och med Giftas I. Stockholm 1969
BØRGE, VAGN: Der unbekannte Strindberg. Studie in nordischer Märchendichtung. Kopenhagen–Marburg 1935
CARLSON, HARRY G.: Strindberg och myterna. Stockholm 1979
CARLSSON, ANNI: Ibsen, Strindberg. Hamsun. Essays zur skandinavischen Literatur. Kronberg 1978
DAHLBÄCK, LARS: Strindbergs Hemsöborna. En monografi. Norrtälje 1974
EDQVIST, SVEN-GUSTAF: Samhällets fiende. En studie i Strindbergs anarkism till och med Tjänstekvinnans son. Stockholm 1961
HEDSTRÖM, PER: Strindberg – painter and photographer. New Haven 2001
HELLSTRÖM, VICTOR: Strindberg och musiken. Stockholm 1917
JOHANNESSON, ERIC O.: The novels of August Strindberg. A study in theme and structure. Berkeley–Los Angeles 1968
KÄRNELL, KARL-ÅKE: Strindbergs bildspråk. Stockholm 1969
LAGERROTH, ERLAND, und ULLA-BRITTA (Hg.): Perspektiv på Röda rummet. Stockholm 1971
LILJA, GÖSTA: Strindberg som konstkritiker. Malmö 1957
LINDBLAD, GÖRAN: August Strindberg som berättare. Stockholm 1924
LINDSTRÖM, HANS: Hjärnornas kamp. Psykologista idéer och motiv i Strindbergs attiotalsdiktning. Uppsala 1952

Strindberg och böckerna. Uppsala 1977
MYRDAL, JAN: Strindberg och Balzac. Stockholm 1981
OLLÉN, GUNNAR: Strindbergs 1900 – talslyrik. Stockholm 1941
OLLFORS, ANDERS: August Strindberg i bibliografisk och bibliofil belysning. Borås 1987
POULENARD, É.: August Strindberg. Romancier et nouvelliste. Paris 1962
ROBINSON, MICHAEL: Strindberg and autobiography. Writing and reading a life. Norwich 1986
SCHMIDT, TORSTEN MATTE: Strindbergs måleri. Malmö 1972
SCHNURBEIN, STEFANIE VON: Krisen der Männlichkeit. Schreiben und Geschlechterdiskurs in skandinavischen Romanen seit 1890. Göttingen 2001
SÖDERSTRÖM, GÖRAN: Strindberg och bildkonsten. Stockholm 1972
STOCKENSTRÖM, GÖRAN: Ismael i öknen. Strindberg som mystiker. Uppsala 1972
STRECKER, KARL: Nietzsche und Strindberg. Mit ihrem Briefwechsel. München 1921
STÅHLE SJÖNELL, BARBRO: Strindbergs taklagsöl – ett prosaexperiment. Stockholm 1986

7. Sammelbände

Der andere Strindberg. Materialien zur Malerei, Photographie und Theaterpraxis. Texte von GÖRAN SÖDERSTRÖM, TURE RANGSTRÖM, WOLFGANG PASCHE. Hg. von ANGELIKA GUNDLACH und JÖRG SCHERZER. Frankfurt a. M. 1981
August Strindberg. Swedish Book Review 1986, Supplement
En bok om Strindberg. Med bidrag av Fröding, Brandes, Björnson, Lie, Drachmann, Hamsun u. a.: Karlstad 1894
BRANDELL, GUNNAR (Hg.): Synpunkter på Strindberg. Stockholm 1964
FRIESE, WILHELM (Hg.): Strindberg und die deutschsprachigen Länder. Internationale Beiträge zum Tübinger Strindberg-Symposion 1977. Basel–Stuttgart 1979
LANDQUIST, SOLVEIG (Hg.): John Landquist om Strindberg – personen och diktaren. Stockholm 1984
Modersmalslärarnas Förening (Hg.): Strindbergs sprak och Stil. Valda studier. (Lund) 1964
REINERT, OTTO (Hg.): Strindberg. A collection of critical essays. Englewood Cliffs, N. J. 1971
STOCKENSTRÖM, GÖRAN (Hg.): Strindbergs dramaturgy. Stockholm 1988
Strindberg. Kulturhuset Stockholm. Ausstellung vom 15. 5. bis 4. 10. 1981. Katalog. (Mit zahlr. Beitr.) Stockholm 1981
Strindbergs Dramen. Deutsche Aufsätze. München–Leipzig 1911
Strindbergs Dramen im Lichte neuerer Methodendiskussion. Beiträge zur nordischen Philologie 11. Beiträge zum IV. Internationalen Strindberg-Symposion in Zürich 1979 hg. von OSKAR BANDLE, WALTER BAUMGARTNER und JÜRG GLAUSER. Basel–Frankfurt a. M. 1981
Strindberg Society Sweden: Essays on Strindberg. Stockholm 1966
Strindberg Society Sweden: Strindberg and modern theatre. Udevalla 1 Strindbergiana. Utgiven av Strindbergsällskapet. Stockholm 1985 ff
Die Strindberg-Fehde. Hg. von KLAUS VON SEE. Frankfurt a. M. 1987
Structures of Influence: A comparative approach to August Strindberg. Hg. von MARILYN JOHNS BLACKWELL. Chapel Hill 1981

Namenregister

Die kursiv gesetzten Zahlen bezeichnen die Abbildungen

Andersen, Hans Christian 119
Andreae, Laurentius (Lars Anderson) 27
Antoine, André 79, 125

Balzac, Honoré de 81, 101, 106
Bebel, August 61 f
Beethoven, Ludwig van 10, 127
Bergh, Richard 112
Bernhardt, Sarah 42
Bernadotte, Jean-Baptiste s. u. Karl XIV.
  Johan, König von Schweden und Norwegen
Bernauer, Rudolf 126
Bernheim, Hippolyte 67
Bertens, Rosa 85
Birch-Pfeiffer, Charlotte 54
Björling, Manda 129
Bjørnson, Bjørnstjerne 24, 26, 46, 53, 57, 59, 92, *58*
Blanc, Louis 61
Blavatsky, Helena 98
Bonnier, Albert 37, 64, 74, 121
Bonnier, Karl Otto 57, 59, 80, 121
Bosse, Dagmar 110
Bosse, Harriet s. u. Harriet Strindberg
Brandes, Edvard 34, 46, 50, 69, 71, 75
Brandes, Georg 46, 75, 76 f, 92, 101
Branting, Hjalmar 64, 132, 134
Brecht, Bertolt 116
Bremer, Fredrika 13
Breughel d. Ä., Pieter 73
Brontë, Charlotte 54
Büchner, Georg 29
Buckle, Henry Thomas 17, 30
Buddha (Siddhatta) 92
Byron, George Gordon Noel Lord 15, 24, 63

Cabet, Étienne 61
Carlsson, Eva 56, 80
Carlsson 12
Cavling, Henrich 75
Charcot, Jean-Martin 67
Chevreul, Eugène 71
Comte, Auguste 17, 47
Curie, Marie 93

Darwin, Charles 13, 21, 112
David, Marie 64, 71, 82 f, *82*
Dehmel, Richard 86
Delacroix, Eugène 103
Delius, Frederick 97
Dickens, Charles 15, 45
Drachmann, Holger 86

Eisen, Gustaf 21 f
Ekström, Per 43
Elias, Julius 88
Eliasson, Anders 97
Erasmus von Rotterdam 119
Erik XIV., König von Schweden 23

Essen, Carl Reinhold von 37
Essen, Sigrid Sofia von s. u. Siri Strindberg

Fahlström, Johan 110
Falck, August 125 f, 129, 131 f, *124*
Falk 12
Falkner, Fanny 129, *130*
Foerder, Marta 88
Forstén, Ida 37
Fourier, Charles 61
Frankenau, Gräfin von 75
Franzén, Frans Michael 13
Fritzes 50
Fröding, Gustaf 92

Gauguin, Paul 97
Geber, Hugo 121
Geijer, Erik Gustaf 50
Geijerstam, Gustaf af 64, 106, 123
Gernandt, Ernst 106
Godin-Lamaire, Jean-Baptiste André 63
Goethe, Johann Wolfgang von 21, 24, 27, 92, 123, 129
Grabbe, Christian Dietrich 29
Grein, J. T. 90
Grétor, Willy 96
Gustav I. Vasa, König von Schweden 27
Gustav II. Adolf, König von Schweden 119
Gustav III., König von Schweden 16
Gustav V., König von Schweden 132

Haeckel, Ernst 92 f
Hals, Frans 73
Hamsun, Knut 81, 96 f
Hansen, Ludvig 75 f
Hansson, Ola 85, 86
Hartmann, Eduard von 17, 34
Hartmansdorff 17
Hauch, Johannes Carsten 26
Hauptmann, Gerhart 85, 92
Haydn, Joseph 10
Hedberg, Frans 20, 29
Hedén, Erik 32
Hedin, Sven 48, 83, 133 f
Hedlund, Torsten 98
Heiberg, Gunnar 86
Heidenstam, Verner von 60, 65, 69, 114, 133, *132*
Heinemann, William 90
Hejkorn, Edla 12
Hoffmann, Ernst Theodor Amadeus 123
Hugo, Victor 24
Hutten, Ulrich von 119

Ibsen, Henrik 24, 26, 46, 55, 90, *25*
In de Betou, Sofia 39

Jacobsen, Jens Peter 46
Jaeger, Hans 86
Jesus 58, 63, 103, 111
Josephson, Ludvig 53 f

Joyce, James 125
Juel, Dagny 87f, 99, *88*

Kapff, Sixt Karl 12
Karl XII., König von Schweden 133
Karl XIV. Johan, König von Schweden und
    Norwegen 16f
Karl XV., König von Schweden und Norwe-
    gen 23, 34
Key, Ellen 123
Kierkegaard, Søren 24f, 106, *25*
Klemming, Gustav Edvard 32, *33*
Kortner, Fritz *68*
Krohg, Christian 86

Lagerlöf, Selma 133
Lamm, Axel 18f
Lange, Algot 37
Langen, Albert 95, 96
Larsson, Carl 50, 57, 108
Larsson, Greta 108
Lassalle, Ferdinand 61
Lautenburg, Sigmund 89f
Leclerq, Julien 97
Lessing, Gotthold Ephraim 21, 119
Lidforss, Bengt 83, 88, 93
Lie, Jonas 46, 57, 92
Liljefors, Bruno 86
Lindberg, August 71, 79
Lindman, Arvid 132
Lombroso, Cesare 67
Lundegård, Axel 75
Lundin, Claes 49
Luther, Martin 119

Maeterlinck, Maurice 106, 113
Magnus II. Eriksson, König von Norwegen
    108
Mann, Mathilde 80
Marcuse, Ludwig 126, 137
Marholm, Laura 85, 86
Mark Twain (Samuel Langhorne Clemens) 42
Marx, Karl 61
Melanchthon, Philipp 119
Mendelssohn Bartholdy, Felix 10
Mill, John Stuart 61
Mina 129
Moleschott, Jacob 13
Mörner, Birger 83
Mozart, Wolfgang Amadé 10
Munch, Edvard 86f, 99

Napoleon I., Kaiser der Franzosen 17
Nejber, Anna Johanna s. u. Anna Johanna
    Strindberg
Nietzsche, Friedrich 76f, 81, 86, 77
Nordau, Max 56
Nordenskiöld, Adolf Erik Freiherr von
    48
Norlind, Ulrica Eleonora s. u. Ulrica Eleo-
    nora Strindberg
Nyblom, Carl Ruppert 15

Oehlenschläger, Adam Gottlieb 26
Offenbach, Jacques 15

Olsson, Ida Charlotta 35, 37
Olsson, Johan 37
Oscar I., König von Schweden und Norwe-
    gen 16
Oscar II., König von Schweden und Norwe-
    gen 34, 59, 80f, 130
Owen, Elisabet 7, 9
Owen, Samuel 7f

Palme, August 110
Papus 102
Parker, Theodore 13
Paul, Adolf 85, 86
Paulus 103
Péladan, Joséphin 106
Personne, John 71
Personne, Nils 110
Petri, Olaus (Olof Pedersen) 27
Pettersson, Emma Charlotta s. u. Emma
    Charlotta Strindberg
Philp, Anna von 9, 42, 52, 54, 108, 110
Philp, Hugo von 42, 108, 110
Poe, Edgar Allan 81, 106, 112
Poe, Lugné 95
Przybyszewski, Stanisław 85, 86, 88, 99

Quiding, Nils Herman 60

Ranft, Albert 108
Reinhardt, Max 125f
Reischl, Cornelius 91
Renat, Johan Gustaf 48
Rittner, Rudolf 85
Rousseau, Jean-Jacques 17, 56, 61, 63

Sachs, Hans 119
Saint-Simon, Claude-Henri de Rouvroy
    Comte de 61
Sandahl, Oscar 18
Savonarola, Girolamo 63
Scheerbart, Paul 93
Schering, Emil 110, 112, 125
Schiller, Friedrich 19, 21, 24, 118
Schleich, Carl Ludwig 86, 93
Schnitzler, Arthur 125
Scott, Sir Walter 15
Shakespeare, William 15, 27, 118
Sofia, Königin von Schweden und Norwegen
    59
Sparre, Graf 32
Staaff, Pehr 72
Steffen, Gustaf 63
Steijern, Fredrik Vult von 82
Strahlenberg, Philipp Johan von (Philipp
    Johan Tabbert) 48
Strauß, David Friedrich 13
Strindberg, Anna s. u. Anna von Philp
Strindberg, Anna Johanna 7
Strindberg, Anne-Marie 114, 119
Strindberg, Carl Axel 9, 80, 127, *126*
Strindberg, Carl Oscar 7f, 18, 30, 42, *8*
Strindberg, Elisabet (Schwester) 9, 110
Strindberg, Elisabet (Tante) s. u. Elisabet
    Owen
Strindberg, Emil 12

157

Strindberg, Emma Charlotta 12
Strindberg, Frida 88f, 92, 96, 101, 105, 106, *89*
Strindberg, Greta 53, 55, 56, 80f, 112, 131, *70, 113*
Strindberg, Hans 57, 80f, *74*
Strindberg, Harriet 110, 112f, 117, 119f, 127f, *111, 117*
Strindberg, Johan Ludvig 7
Strindberg, Karin 53, 55, 56, 64, 80f
Strindberg, Kerstin 92, 96, 101, *70, 97*
Strindberg, Ludvig 9
Strindberg, Nora 9
Strindberg, Norlind 9
Strindberg, Olle 9
Strindberg, Oscar 9, 12, 80
Strindberg, Siri 37, 39f, 51, 52f, 63, 64, 69f, 75, 79, 80f, 84, 105, 120, 134, *36, 41, 72*
Strindberg, Ulrica Eleonora 9f, 12, 21, 30, *8*
Strindberg, Zacharias 7
Strinnberg, Henrik 7
Strömbäck, August Bernhard 12, 18
Stuxberg, Anton 48
Sudermann, Hermann 88
Sue, Eugène 15
Swedenborg, Emanuel 101, 123

Taine, Hippolyte 17, 47
Tasso, Torquato 15
Tavaststjerna, Karl August 90
Tegnér, Esaias 13

Teniers d. J., David 73
Thaulow, Fritz 97
Thorvaldsen, Bertel 22f
Tocqueville, Alexis de 30
Tolstoj, Leo N. 63
Topelius, Zacharias 15
Trotz, Carl Otto 15
Tschernyschewskij, Nikolaj G. 63
Türke, Gustav 86
Turner, William 30

Uhl, Friedrich 88, 90
Uhl, Maria Friederike s. u. Frida Strindberg

Vallès, Jules 69
Vergil 101
Vermeer van Delft, Johannes 73

Wall, Rudolf 30, 32, 82
Warburg, Karl Johan 123
Wedekind, Frank 96, 101
Welinder, Hélène 52
Weyr, Marie 90
Willemer, Marianne von 130
Wimmer, Maria 89
Wingård, Gunnar 120
Wrangel, Carl Gustaf 37, 39f
Wrangel, Graf von Salmis, Carl Gustaf 37
Wrangel, Siri s. u. Siri Strindberg

Zeipel 15
Zola, Émile 17, 46f, 67f, *47*

Über den Autor

Peter Schütze, geboren 1948 in Detmold, ist heute als freier Autor, Regisseur und Darsteller tätig. Er promovierte bei Gert Mattenklott und Hans Heinz Holz in Marburg mit einer Arbeit über Peter Hacks. Nach einer Zeit als Journalist und Übersetzer psychoanalytischer Schriften von Ernst Kris und Robert Waelder wirkte er an den Theatern in Dortmund, Bielefeld, Wiesbaden und am Thalia-Theater in Hamburg; bis 1992 war er Chefdramaturg des Theaters in Hagen. Seither ist er freiberuflich tätig, außerdem ist er Lehrbeauftragter am Institut für Theater-, Film- und Fernsehwissenschaft der Universität Bochum. Er veröffentlichte zahlreiche Abhandlungen zur Literaturgeschichte, Theaterwissenschaft und ästhetischen Theorie. Für «rowohlts monographien» verfaßte er den Band über Fritz Kortner (rm 531, 1994). Er schrieb außerdem eine Anzahl Opernlibretti (für den Komponisten Walter Steffens, zuletzt «Die Judenbuche», Dortmund 1993) und Theaterstücke.

Quellennachweis der Abbildungen

Strindbergsmuseet, Blå tornet, Stockholm: 6. 8 o., 8 u., 11, 13, 36, 62, 72, 74, 99, 111, 117, 128 o., 128 u., 130, 131, 135
The Stockholm City Museum / Stockholms stadsmuseum: 10, 136
August Roesler, Stockholm: 14
Aus: August Strindberg (Ett Minnesalbum). Stockholm: 18 / 19
Aus: Der andere Strindberg. Hg. von Angelika Gundlach u. a. Frankfurt a. M. 1981: 20, 59, 94, 133
Kungl. Biblioteket, Stockholm: 22, 33 o., 41, 84, 91, 100, 107, 118, 120 (Foto: Magnus Wester)
Det Kongelige Bibliotek. Kopenhagen: 25 o.
Bildarchiv Preußischer Kulturbesitz, Berlin: 25 u.
Universitätsbibliothek Göteborg: 28
Staatsbibliothek Örebro: 31, 33 u.
Aus: Olof Lagercrantz: Strindberg. Frankfurt a. M. 1984: 38, 102 (Foto: O. Lagercrantz)
Privatbesitz: 40
Aus: Strindberg (Ausstellungskatalog). Kulturhuset Stockholm, 1981: 44, 53, 78, 87, 93
Familie Zola: 47
Aus: August Strindberg: Svenska Folket. Stockholm 1881 / 2, Nachdruck 1974: 49
Archiv für Kunst und Geschichte, Berlin: 58 (Sammlung Historia-Photo), 122
Hildegard Steinmetz, Gräfelfing: 68
Nordiska museet, Strindbergarchiv, Stockholm: 70, 89, 104
Ullstein Bilderdienst, Berlin: 77
Aus: Karin Smirnoff: Så var det i verkligheten. Stockholm 1956: 82
The Munch Museum / The Munch Ellingson Group / VG Bild-Kunst, Bonn 1997
Aus: Hermann Esswein: August Strindberg. München und Leipzig 1909: 97
Aus: Walter A. Berendsohn: Strindbergs sista levnadsår. Stockholm 1948: 113, 126
Bonnierska porträttsamlingen, Nedre Manilla: 115
Drottningholms teatermuseum, Stockholm: 124
Aus: «Söndags-Nisse», 5. März 1911: 132

Musik

rowohlts monographien
Begründet von Kurt Kusenberg, herausgegeben von Wolfgang Müller und Uwe Naumann.

Ludwig van Beethoven
dargestellt von Martin Geck
(50645)

Johann Sebastian Bach
dargestellt von Martin Geck
(50637)

George Bizet
dargestellt von
Christoph Schwandt
(50375)

Frédéric Chopin
dargestellt von Jürgen Lotz
(50564)

Hanns Eisler
dargestellt von Fritz Hennenberg
(50370)

John Lennon
dargestellt von Alan Posener
(50363)

Franz Lehár
dargestellt von
Norbert Linke
(50427)

Felix Mendelssohn Bartholdy
dargestellt von
Hans Christoph Worbs
(50215)

Elvis Presley
dargestellt von
Alan und Maria Posener
(50495)

Sergej Prokofjew
dargestellt von
Thomas Schipperges
(50516)

Giacomo Puccini
dargestellt von
Clemens Höslinger
(50325)

Sergej Rachmaninow
dargestellt von
Andreas Wehrmeyer
(50416)

Gioacchino Rossini
dargestellt von
Volker Scherliess
(50476)

Robert Schumann
dargestellt von
Barbara Meier
(50522)

Heinrich Schütz
dargestellt von
Michael Heinemann
(50490)

Gustav Mahler
dargestellt von
Wolfgang Schreiber
(50181)

Weitere Informationen in der **Rowohlt Revue**, kostenlos im Buchhandel, und im **Internet:** www.rororo.de

4503/11